나는 왜 마약 변호사를 하는가

나는 왜 마약 변호사를 하는가

초판 1쇄 발행 2023년 11월 27일

지은이	안준형
펴낸이	신현만
펴낸곳	(주)커리어케어 출판본부 SAYKOREA
출판본부장	이강필
편집	박진희 손성원
마케팅	허성권
디자인	육일구디자인

등록	2014년 1월 22일 (제2008-000060호)
주소	03385 서울시 강남구 테헤란로 87길 35 금강타워3, 5-8F
전화	02-2286-3813
팩스	02-6008-3980
홈페이지	www.saykorea.co.kr
인스타그램	instagram.com/saykoreabooks
블로그	blog.naver.com/saykoreabooks

ⓒ (주)커리어케어 2023
ISBN 979-11-93239-05-6 03300

SAY KOREA는 (주)커리어케어의 출판브랜드입니다.

나는 왜 마약 변호사를 하는가

안준형 지음

당신이 알지 못하는,
약한 사람들의 이야기

SAY KOREA

서문

나는 왜
마약 전문 변호사가 되었나

드라마나 영화를 보면 겸연쩍어질 때가 있다. 거기 나오는 변호사들은 어찌나 직업 정신이 투철한지 선천적인 장애를 가지고도 억울한 사람들의 어려움을 해결하는 데 앞장서고, 단돈 천 원의 의뢰비에도 온몸을 내던진다. 누군가 내게 당신도 사람들을 돕고 싶어 변호사가 됐는지 물어보면, "물론이지요. 그런데 그러면서 저 자신도 좀 돕고 싶습니다"라고 대답할 것 같다.

애초에 변호사가 장래 희망은 아니었다. 원대한 꿈이 없었던 탓일까 무던한 성격 탓일까, 그동안 주어진 사건이면 무엇이든 수임해서 그저 열심히 했다. 개업한 변호사가 돈을 벌려면 원하는 사건만 가려 받을 수는 없으니 그런 자세는 뜻밖에 도움이 됐다.

쿨한 척하고 있지만 사실 나는 감정적인 편이다. 감성적이고 즉흥적인 데다 자주 덜렁대기까지 한다. 변호사로서는 단점이다. 그나마 스스로 자신 있게 꼽을 수 있는 변호사로서의 장점이라면 '사람'에 대한 관심이다. 로스쿨을 다니며 공익 변호사 사무실에서 인턴을 했는데, 돈을 가지고 다투는 민사사건보다는 인간사人間事를 다루는 형사사건에 끌렸다. 인간 본성에 관한 이해와 탐구를 요구하는 강력 사건들이 유독 내 적성에 맞았다. 또 편견이 없는 편이어서 남들은 별나다고 하는 사람들과도 가까이 지냈다. 변호사가 된 지금도 별난 사람들의 별난 이야기를 듣는 것을 여전히 즐긴다.

죄를 짓는다는 건 남들이 하지 말라는 걸 굳이 하는, 참 별난 짓이다. 죄를 저지르면 사회적으로 질타를 받고 형을 선고받으면 철창 안에서 인생을 낭비하게 된다. 그런데도 죄를 저지르는 이유가 뭘까? 그러한 선택을 내릴 수밖에 없는 절박한 상황이, 나름의 사정이 있었을까? 나는 아무래도 그런 이야기에 눈이 가고 귀를 기울이게 된다.

내가 궁금해하는 이러한 사연이 죄를 저지르지 않은 사람들의 귀에는 잘 들어오지 않을지도 모른다. 나와는 관련이 없는 일이고 범죄자는 반드시 엄히 처벌해야 사회 정의가 실현된다고 생각하는 사람들도 많다. 그러나 형사 변호인으로서 겪어온 일들을 바탕으로 나는 단언할 수 있다. 세상 사람 누구라도 자기 뜻과는 무관하게 죄를 저지르거나 연루될 수 있다. 그럴 때 아무도 나의 사정과 이야기를 들어주지 않는다면 너무 억울하고 슬픈 일이 아닐까.

나의 첫 마약 사건 수임은 이렇듯 별난 사람과 별난 이야기에 대한 내 관심으로 인해 이뤄졌다. 그 사건을 해결한 이후 의뢰인의 소개와 소문 등으로 마약 사건 의뢰가 꾸준히 이어졌고, 어느새 그동안 다룬 사건 가운데 마약 사건이 절반을 넘었다. 이제는 꽤 많은 사건과 이야기들이 쌓였다.

마약과 마약 사범에 관한 이야기로 책을 써야겠다고 처음 생각한 것은 마약 사건으로 구속된 어느 피의자의 부모님을 만난 자리에서였다.

"우리 애가 대체 무슨 마약을 한 건가요?"

"끊을 수가 없는 건가요? 그러다 죽을 수도 있나요?"

"다시는 정상인으로 돌아올 수 없나요?"

"얼마나 감옥에 있어야 하나요?"

"아이가 감옥에 가면 저희가 뭘 어떻게 해야 하나요?"

"다시는 마약을 못 하게 하는 방법이 있나요?"

부모님은 자식을 원망해야 하는지, 가여워해야 하는지, 지지해야 하는지, 질책해야 하는지, 너그러워야 하는지, 무서워해야 하는지 갈피를 잡을 수 없어 혼란스러워했다. 짧은 상담 시간 동안 변호인으로서 나는 앞으로 당신의 자식이 겪어야 하는 법적 절차와 예상되는 결과를 설명하기에도 시간이 부족했다. 부모님이 연이어 쏟아내는 질문에 충분한 대답을 줄 수가 없었다.

연일 뉴스에 마약 이야기가 나오는 시절이다. 그러나 사람들은 여전히 마약을 잘 모른다. 마약 범죄는 그 특성상 은밀하게 진행되어 가까운 주위 사람들도 예상하기가 어렵고, 밝혀지고 나면 그 여파가 걷잡을 수 없다는 점에서 교통사고나 마찬가지다. 내 아이가 마약을 했다고? 내 형제·

자매가 마약 사건에 연루됐다고? 내 친구가 마약 투약으로 체포됐다고? 우리가 마약과 마약 범죄에 대해 잘 모른다면, 이러한 일을 맞닥뜨렸을 때 정신을 다잡고 필요한 절차를 진행하기가 어렵다. 만약의 사태가 벌어졌을 때 투약자의 가족과 친구에게 권할 수 있는 일종의 응급처치 같은 역할을 할 책이 필요하다고 생각했다.

책을 써야겠다고 생각한 또 다른 이유는, '약쟁이'들에게도 기회가 주어져야 한다는 믿음 때문이다.

마약 전문 형사사건 변호인으로 일하다 보면 "마약 하는 사람을 왜 도와줘요?" "약쟁이들은 다 잡아넣어야죠" 같은 이야기를 꽤 많이 듣는다. 글쎄, 모든 범죄자가 다 나쁜 사람일까? 살면서 우리는 참 못되고 악한 사람을 만나기도 한다. 그러나 그들이 모두 범죄자는 아니다. 마찬가지로 죄를 저지른 사람 가운데서도 인품이 훌륭하거나 심성이 고운 사람들이 있다. 꼭 미운 사람만이 죄를 짓는 건 아니다. 그러니 우리가 들여다보아야 하는 것은 사람이 아니라 죄다.

죄에는 저마다 사연이 있다. 하나의 사건에도 의뢰인의 사연, 의뢰인 가족들의 사연, 공범의 사연, 피해자의 사연 등이 여러 갈래로 얽혀 있다. 형사사건은 사람 간에 꼬인 매듭을 풀어나가는 과정이다. 매듭을 푸는 일에 편견이나 선입견 혹은 일방적인 비난은 결코 도움이 되지 않는다.

마약 사건은 시작부터 편견과 억측, 비난이 함께한다. 한국에서 마약 사건은 늘 뜨거운 감자다. 유명인의 마약 투약 사건은 늘 신문에 대서특필되고, 이들을 감옥에 집어넣은 수사 담당자는 고속 승진한다. 이제는 그 대상이 일반인들까지 확대됐다. 수사기관이 공을 다투는 동안 무죄추정의 원칙은 유명무실해지고, 없는 일조차 부풀려져 자극적인 기사로 와전된다. 언론이 만든 이미지로 마약 사범은 대중에게 '상종 못할 사람'으로 비난받는다.

그 과정에서 누구도 마약 사범에게 귀를 기울여주지 않는다. 억울한 부분이 있어도 적극적으로 시비를 다툴 수 없고, 단약과 재활을 하고 싶어도 그저 격리되고 방치될 뿐이다. 잘못된 일이다. 누군가는 그들의 이야기를 들어주고 그들의 노력을 지지해주어야 한다. 그리고 그런 사람들이 이제는 우리 사회에 더 많아져야 한다고 생각했다.

책 한 권으로 인식과 편견이 달라지기를 기대하지는 않는다. 원래 타인을 온전히 이해한다는 것은 불가능한 일이니까. 다만 우리가 마약 사범에 관해 조금 더 이해할 수 있는 계기가 되었으면 하는 바람이다.

이 책은 결국 사람에 관한 이야기다.

안준형

서문 나는 왜 마약 전문 변호사가 되었나 · 5

사건의 지평선:
경계선 위를 서성거리는 사람들

뽕방에서 온 편지 · 19

일탈의 대가 · 27

약하면 악한가 · 38

세상에서 가장 위험한 마약 · 55

마약 밀수, 과정과 말로 · 61

마약남녀 · 67

차라리 죽고 싶어요 · 81

Part
2

포기하지 않아주셔서 고맙습니다:
약한 그들을 위한 출구

우리 아이가 약쟁이라고요? · 93

죄보다 사람이 미워진다 · 98

인권수사의 사각지대 · 103

가족도 뿌리치는 마약 재범의 손 · 108

내 딸이 아니고 괴물입니다 · 112

그들의 가족으로 산다는 것 · 117

최후 진술의 날 · 122

Part 3

사람이 사람을 먹이로 삼다:
마약 사회의 먹이사슬

마약에 취약한 연예인 · 137

연예인을 잡아라 · 140

우리들의 일그러진 언론 · 145

텔레그램의 마약왕 · 152

마약왕의 성공방정식 · 164

이상한 나라의 미국인 농부 · 176

마약 시장의 보이지 않는 손 · 189

Part
4

마약 전문 변호사로 사는 법:
법과 마약

법에도 감시가 필요하다 · 201
아무튼 유죄 · 207
나는 억울합니다 · 215
변호사는 의심해야 한다 · 219
3%의 기적 · 223

결문 나는 왜 마약 투약자를 변호하는가 · 228
Q&A 마약 전문 변호사에게 궁금한 것 · 234

Part 1

사건의 지평선:
경계선 위를 서성거리는 사람들

뽕방에서 온 편지

일탈의 대가

약하면 악한가

세상에서 가장 위험한 마약

마약 밀수, 과정과 말로

마약남녀

차라리 죽고 싶어요

뽕방에서
온 편지

　〈슬기로운 감빵생활〉 같은 드라마를 통해 이제는 구치소 안 모습도 세상에 많이 알려지게 됐다. 하지만 구치소라는 공간은 여전히 바깥세상과 구분된, 바깥 사람들이 상상하는 모습과는 많이 다른 공간이다.

　우리가 흔히 '감옥'이라고 부르는 교정시설은 미결수들이 수용되는 구치소와, 재판이 모두 끝나고 형이 확정되면 옮겨가는 교도소로 나뉜다. 그중에는 둘을 구분하지 않고 교도소가 구치소의 기능을 함께 하는 곳들도 있다. 형사 사건의 의뢰인들은 형이 확정되기 전에 구속 수사를 받거나 구속된 채 재판받는 경우가 많아서 형사 변호인들은 구치소를 자주 드나들게 된다.

서울 권역에는 서울구치소, 서울동부구치소(구 성동구치소), 서울남부구치소까지 세 곳의 구치소가 있다. 북부에는 검찰청과 법원이 있지만 별도의 교정시설은 없고 동부구치소를 함께 쓴다. 세 곳 가운데 가장 규모가 크고 가장 많은 수용자가 있는 곳이 의왕시 인덕원 인근에 있는 서울구치소다. 동부구치소와 남부구치소는 새로 지어진 신식 건물이어서 어떻게 보면 잘 지어진 관공서나 아파트 같은 느낌이 든다. 그렇지만 서울구치소는 여전히 몇십 년 전의 모습을 그대로 간직하고 있다. 우리가 영상으로 자주 접한 전형적인 '감옥' 모습 그대로다.

10여 년 전, 처음으로 구치소에 갔던 날의 기억은 아직도 선명하다. 새내기 변호사가 되고 얼마 지나지 않아 마약 사건으로 수감 중인 의뢰인의 편지를 받았다. 그래서 그를 접견하기 위해 처음으로 서울구치소에 갔다. 내비게이션에 '서울구치소'를 검색하면 보안상의 이유로 정확한 위치가 표시되지 않는다. 근처 교차로까지 안내받은 다음 제대로 된 표지판도 없는 곳을 올라가자 비로소 구치소 정문이 나타났다.

　대부분의 구치소는 일반 접견실과 변호인 접견실을 따로 분리해놓는다. 가족이나 친구가 찾는 일반 접견실은 대개 구치소 수용동 외부에 꾸려져 있고, 변호인 접견실은 구치소의 보안 검색대를 통과해서 수용자들이 지내는 사동 깊숙이 들어가야 한다. 사동에 들어갈 수 있는 이는 교정공무원과 변호사, 그리고 소수의 허락된 사람뿐이다.

　구치소에 들어갈 때는 보안상의 이유로 휴대전화는 물론 스마트 워치 같은 전자기기를 전부 반납해야 한다. 그래서 구치소 안의 철문을 지나면, 바깥 세계와 철저히 단절된 기분이 든다. 휴대전화도 없이 접견실의 좁은 공간에서 변호사들이 차례를 기다리며 할 수 있는 일이라고는, 앉아서 종이 신문을 읽고 믹스 커피를 마시는 정도다.

　평화롭다고 해야 할까, 스산하다고 해야 할까. 한여름이었음에도 서울구치소의 공기는 무척 차가웠다. 빛이 들어오는 모든 창문엔 쇠창살이 달려 있고, 창 너머에서는 나무 냄새를 가득 품은 숲 바람이 불어왔다. 구치소는 늘 서늘하고, 좋은 바람이 불고, 아주 느리게 시간이 간다.

　나에게 구치소의 첫인상은 모순적인 것들이 뒤섞여 있

는, 아주 흥미로운 공간이었다. 몇 번의 철문을 지나고 모서리가 다 닳아 만질만질해진 돌계단을 올라 변호인 접견실에 들어갔을 때, 그 공간이 주었던 이질감이 여전히 생생하다.

변호인 접견실은 유리로 칸을 친 좁은 방인데, 이 방들이 다닥다닥 붙어 있다. 바깥세상에서 온 변호사에게는 좁고 답답한 유리방이지만, 온종일 작은 콘크리트 방에 갇혀 있다 나온 수용자에게는 유일하게 바깥 공기를 맡을 수 있는 창이다. 하루에 여러 명의 수용자를 접견해야 하는 변호사들은 다들 지루한 표정을 짓고 있지만, 짧게는 몇 주에서 길게는 몇 달 동안 외부 사람을 만날 일이 없던 수용자들은 대개 상기되고 들뜬 표정으로 접견실에 들어온다.

구치소에서도 매일 가족이나 친구 등을 만나는 일반 면회가 가능은 하다. 단, 하루 10분에 불과하고, 그것도 유리벽을 사이에 두고 이뤄진다. 찾아오는 이가 없는 수용자라면 변호인을 만나는 게 유일한 외출이다.

수용자는 모두 가슴팍에 숫자가 적힌, 계절이 한 철 느린 옷을 입고 온다. 단색 죄수복에 고무신을 신은 수용자, 맞은편엔 넥타이를 매고 구두를 신은 변호사. 옛 공중전화 박스처럼 다닥다닥 붙어 있는 유리벽 사이로, 구치소는 이질적인 요소들이 서로 만나고 마주하는 모순적인 공간이다.

일반 면회에 비해 변호인 접견은 가림막 등 장애물이 없고 시간제한도 없다. 우리 형사소송법에서는 피의자가 재판이 모두 끝나 형이 확정되기 전까지는 무죄로 간주하는데, 따라서 아직 범죄자가 아닌 이들을 흔히 미결수라고 부른다. 구치소는 미결수들이 죄와 형이 확정된 기결수가 되어 교도소로 떠날 때까지 머무르는 곳이다. 따라서 구치소에서 미결수와 변호인의 접견은 원칙적으로 아무런 제한이 없다.

그런데 마약 사범들은 구치소 내에서도 특별한 대우를 받는다. 그들은 흔히 '뽕방' 또는 '약방'이라고 불리는 곳에 분리 수용된다. 짐작하듯이, 그 취지는 마약 사범에게 일반 수용자가 오염되는 것을 방지하기 위해서다. 명찰 색깔도 다르다. 일반 수용자는 가슴팍에 흰색 숫자 명찰을 달지만 마약 사범들은 파란 명찰을 붙인다.

뽕방에 마약 사범들을 한데 모아 수용하는 것에 반대하는 의견도 상당하다. 내가 아는 어떤 피고인은 초범이라 마약에 관해 아는 바가 거의 없었는데, 뽕방에서 다른 마약 사범들과 함께 몇 달을 지내다 보니 전문가가 되어 출소한 경우가 있었다. 이런 경우 구치소는 범죄를 가르치는, 소위 '학교'가 된다. 그러나 마약 사범을 일반 수용자와 함께 수용할 때 발생할 부작용 역시 분명하다. 아마 한동안은 계속 지금과 같은 분리 수용이 유지될 수밖에 없을 것이다.

철저한 감시·감독하에 있더라도 뽕방에서는 별의별 사건·사고가 일어난다. 마약 대부분이 끊기가 여간 힘든 것이 아니지만 유독 필로폰은 중독성이 심하다. 오죽하면 필로폰을 물에 녹여 적신 책을 구치소 내에 반입해 페이지를 한 장씩 찢어 먹으며 투약하다 적발된 사건도 있었다. 그래서 지금도 마약 사범은 외부에서 책을 반입하는 것이 철저히 금지되어 있다. 읽고 싶은 책이 있으면 직접 구치소에 신청해 구매해야 한다. 매우 드문 일이지만 교정국 직원이나 변호사를 매수해 외부에서 마약을 들여오는 경우도 있었다. 편지나 소송기록 등에 마약을 숨겨 반입하는 것이다. 여러 수법이 적발된 이후 외부 반입은 이제 거의 불가능해졌지만, 여전히 뽕방에서는 기상천외한 대안이 만들어진다. 처방받은 수면제나 신경안정제를 먹지 않고 일주일 치를 모은 다음 곱게 갈아서 코로 들이마시는 '코킹'을 하기도 하고, 코로나 기간에는 손 세정제를 코로 흡입하는 경우도 있었다.

　마약에 중독된 투약자에게는 중독 치료와 단약 교육이 필요하다. 하지만 구치소에서는 사실상 치료와 교육이 이뤄지지 않는다. 그러면 투약자가 출소하고 나서도 당연히 마약에 다시 손을 댈 가능성이 크다. 뽕방 안에서는 '아무개가 출소하자마자 기념으로 마약을 투약했다'라는 이야기가 심심치 않게 들린다. 통계적으로 우리나라 마약 투약 사범들의 재범률은 다른 범죄나 다른 나라의 경우에 비해 매우 높은 편이다.

　내가 처음으로 구치소에 접견을 갔던 날, 파란 명찰을 달고 나온 의뢰인은 너무도 앳된 얼굴을 하고 있었다. 갓 스물이 넘은 그는 나를 보자마자 눈물을 왈칵 쏟았다. 어린 나이에 초범이었으니 구치소 생활이 놀랍고 힘들었을 것이다. 그렇게 내 첫 마약 의뢰인은 변호인 접견을 하는 삼십 분 내내 울기만 하고 갔다. 접견을 마치고 나올 때 그는 거듭 와주셔서 감사하다고, 금방 또 접견을 와달라고 몇 번을 허리 숙여 인사하고는 들어갔다.

　왔던 길을 돌아 구치소를 나가는 길에서 만난 바람은 뜨거우면서 서늘했고, 마음은 덤덤하면서 무거웠다.

그는 왜 울었을까. 억울했을까, 서러웠을까, 아니면 후회의 눈물이었을까. 다음에 만날 때 무슨 위로의 말을 건네야 할까. 차라리 모른 척 자연스러워야 할까. 그와 달리 내 스무 살이 마냥 천진할 수 있었던 건 과연 온전히 내 덕이었을까.

세상 모든 질문은 쉽게 한 문장으로 정의되지 않는다. 빛과 그림자는 해의 방향에 따라 위치를 서로 바꾼다. 우리가 타인의 삶을 이해한다고 쉽게 말할 수 있는 건 그 말의 무게를 정확히 모르기 때문이다. 누군가를 이해하기 위해서는 오랜 시간이 필요하다. 삼십 분 동안 나는 그의 슬픔과 무너짐에 충분히 공감했던가. 나의 첫 구치소 접견은 그렇게 많은 질문을 던진 채 끝났다.

일탈의
대가

　　나의 첫 마약 의뢰인은 평생 모범생으로 살았다. 어릴 적부터 부모님 말씀 잘 듣고, 하지 말라는 일은 하지 않고 공부만 열심히 했다. 그래서 우리나라에서 제일 좋은 대학교에 갔다. 명문대생이 되고서도 열심히 공부하고, 아르바이트도 하고, 인턴도 하며 성실하게 살았다. 그러다 방학 때 처음으로 미국 여행을 갔고, 그곳의 한 클럽에서 처음으로 마약을 접했다.

　　엑스터시Ecstasy였다. 정식 명칭은 MDMA3,4-Methylene dioxymethamphetamine이지만 엑스터시라는 이름으로 널리 알려졌으며, '몰리', '캔디', '사탕'이라는 이름으로도 불린다. 우리나라 마약법에서는 향정신성의약품으로 분류한다. 원래는 정신과 치료 목적으로 개발되어 1970~80년대 미국에서 실제로 처방되었으나 환각과 부작용 때문에 마약으로 지정되어 금지되었다. 한국에서는 2000년대 초반 테크노 유행과 함께 '도리도리'라는 이름으로 유통된 적이 있다. 당시 많은 연예인이 투약으로 처벌받아 대중에게 익숙한 약물이다.

엑스터시를 복용하면 밤새 클럽에서 춤을 춰도 피곤하지 않고, 음악을 들으면 귀가 아닌 몸 전체로 듣는 느낌이라고 한다. 엑스터시의 효과는 필로폰이나 LSD만큼 강력하지는 않으면서, 내성은 강하지만 중독성은 약한 편이라 클럽이나 EDM 파티 등에서 파티 마약으로 자주 쓰인다. 지금도 미국이나 유럽 등 전 세계 클럽에서 사고파는 모습을 어렵지 않게 목격할 수 있다.

평생 하지 말라는 일은 안 하며 자라왔던 의뢰인은 외국에서 처음으로 일탈을 경험했다. 아무도 말리거나 혼내지 않자 해방감을 느꼈다. 약을 먹으니 자신감이 넘쳐서 영어도 더 잘하게 됐고, 외국인 친구를 사귀기도 훨씬 쉬워졌다. 한국에서 마약이라고 하면 엄청난 환각과 부작용이 따르는 아주 무서운 것이라고만 배웠는데, 막상 외국에 와보니 많은 이들이 마약을 하면서도 다들 멀쩡히 잘 사는 것 같았다.

사람들은 대부분 뉴스로 보도되는 사건을 통해서만 마약을 접한다. 그 사건의 주인공은 연예인이거나, 이름 있는 스포츠 스타나, 유명인이다. 유명한 사람이 아니고 화제가 될 만한 건수가 아니면 뉴스에 나오지 않는다. 마약을 먹고 누구를 해친다거나, 뛰어내린다거나, 교통사고를 내거나 하는 큰 사달이 나야 비로소 마약 사건은 뉴스가 된다. 그래서 많은 이가 마약은 아주 별난 사람, 또는 질이 안 좋은 몇몇 사람들만 한다고 생각한다. 그러나 마약 사건은 보통 사람들에게도 얼마든지 발생할 수 있다. 내 의뢰인처럼 외국에 나가서 클럽 구경을 갔다가 마약을 접하기도 하고, 외국인 친구와 어울리다 엉겁결에 마약을 하게 되기도 한다. 마치 교통사고처럼, 그렇게 평범한 누구라도 갑자기 마약 사건에 연루될 수 있다.

내 의뢰인은 절제하는 법을 배우지 못한 채 매일 엑스터시와 클럽에 빠져 지냈다. 그러다 결국 판단력을 잃었다.

해서는 안 될 결심을 했다. 그는 마약을 한국에 몰래 가져오기로 했다.

한국의 '마약류 관리에 관한 법률'에서는 마약과 관련된 모든 행위를 매우 자세히 구분한다. 그리고 그 행위를 모두 처벌한다. 마약 투약뿐만 아니라 마약을 사고파는 판매와 구매, 금전적 대가 없이 마약을 주고받는 수수, 마약을 사도록 소개하는 알선, 마약을 홍보하는 광고, 마약을 보관하는 소지, 마약을 가져다주는 운반, 그리고 해외에서 마약을 들여오는 수입 등이 예외 없이 모두 처벌의 대상이다. 그중에서 가장 해서는 안 되는 행위가 있는데, 바로 허가 없이 마약류를 수입하는 행위, 즉 밀반입이다. 예를 들어 대마의 경우 일반 판매는 1년 이상의 징역이 법정형이지만, 수입·수출의 경우 법정형이 5년 이상의 징역이다. 거의 모든 마약류에 대해 판매보다 밀수입을 훨씬 더 무겁게 처벌한다.

한국의 경우 국내에서 마약을 제조하거나 재배하는 경우는 극히 드물다. 원재료 재배나 생산을 철저히 단속하기 때문이다. 따라서 대부분의 마약류는 외국에서 밀반입을 통해 국내에 들어온다. 즉 마약류를 밀반입하는 행위는 사실상 국내에 마약을 최초로 유통하는 행위이기 때문에 판매보다 훨씬 더 무겁게 처벌한다.

애초의 입법 취지는 대량의 마약을 들여와 소매로 유통하는 마약 판매·밀수업자를 엄하게 처벌하기 위함이었겠으나, 최근에는 해외 유학생과 여행객이 경각심 없이 외국에서 자기가 투약하던 마약류를 몰래 숨겨 들어오다 적발되는 경우가 많다. 물론 해당 마약을 한국에서 판매하거나 유통할 목적이 없는 경우가 대부분이지만, 엄연히 마약 밀수 범죄로 분류되기 때문에 매우 무겁게 처벌받는다. 아무리 나이가 어리고 초범이라도 마약을 밀반입하다 적발되면 대부분 구속을 면하기 힘들다. 최근에도 모 재벌 2세가 액상 대마를 미국에서 밀반입하다 구속되어 뉴스에 크게 보도된 적이 있고, 모 유명 정치인의 명문대생 딸이 향정신성의약품인 LSD를 캐리어에 담아 밀반입하다 적발되어 사회적으로 큰 물의를 일으킨 적이 있다.

내 첫 마약 의뢰인도 이러한 케이스였다. 그는 한국에 돌아가면 엑스터시를 어디서 어떻게 구해야 할지 몰랐다. 게다가 한국에서는 엑스터시 한 알이 20만 원 정도 한다는데 미국에서는 2만 원 정도면 구할 수 있었다. 단순히 계산해도 미국에서 엑스터시를 사서 한국에 가져가는 게 10배나 저렴했다. 엑스터시는 외국에서 너무나 쉽게 구할 수 있고 가격도 비싸지 않았기 때문에 그는 만약 적발된다고 하더라도 큰 처벌을 받을 것이라고는 생각하지 못했다. "괜찮아, 절대 안 걸려. 나도 몇 번이나 가져갔어"라는 주변 유학생들의 말도 힘이 됐다.

매일같이 엑스터시를 투약하던 그는 약 기운을 빌려 용기를 냈다. 약을 잘게 쪼갠 후 볼펜 안에 넣었다. 작은 알약 형태이니 잘만 숨겨서 들어가면 공항 검색대도 쉽게 빠져나갈 수 있을 것 같았다. 비타민 약통에도 엑스터시 몇 알을 섞었다. 특별히 냄새가 나는 약도 아니니 마약 탐지견이 온다고 해도 걸리지 않을 것 같았다. 그렇게 그는 엑스터시를 몰래 숨겨 한국에 들어왔다.

그는 인천공항에서 곧바로 체포되었다.

◎　　　◎　　　◎

여행용 수화물에 마약을 숨기면 엑스레이 검사로 적발될 수 있다는 것을 알고 있었기 때문에 그는 약을 몸에 지닌 채 들어오기로 했다. 가슴 주머니에 볼펜을 넣어 온다고

이상하게 여길 사람은 없었다. 미국에서 출국 보안 검색대를 무사히 통과하자 한국에서도 당연히 문제없이 입국할 수 있겠다고 생각했다. 그런데 인천공항에 도착하자마자 세관에서 그를 정밀검색대로 안내했다. 그는 처음에는 범행을 부인했다. 그러나 이온스캐너*에서 엑스터시 양성 반응이 나왔고, 그는 볼펜 속 마약을 자백할 수밖에 없었다.

세관이 그를 특정하는 것은 어렵지 않았다. 미국에 머무르는 동안 그는 SNS에 파티 사진을 잔뜩 올렸다. 사진에는 약에 취한 듯한 모습이 찍혀 있었고, 테이블에 엑스터시나 다른 마약으로 의심되는 것들이 놓인 모습도 포착됐다. 수사기관에서 직접 그 사진을 보고 그를 특정했는지 주변 지인들이 경찰에 제보를 넣었는지는 확실하지 않지만, 경찰은 사진을 근거로 세관에 수사 협조를 요청했다. 이미 그는 한국에 들어오기 전부터 세관에 '요주의인물'로 등록되어 있었다.

세관은 몰래 숨겨 들어오는 마약을 어떻게 적발할까?

각국 공항에는 마약 탐지견이 있다. 개들은 냄새로 수

---

* 인체나 물건에 묻어 있는 아주 작은 이온 입자를 검사하여, 그 속에 마약류 성분이 있는지를 탐색하는 기계.

화물 같은 곳에 숨겨진 마약을 찾아낸다. 대마나 코카인처럼 특유의 냄새를 가진 마약은 탐지견을 통해 쉽게 적발된다. 하지만 필로폰이나 엑스터시와 같은 향정신성의약품은 무취인 경우가 많아 적발하기가 쉽지 않다. 탐지견이 모든 여행객을 검사할 수 있는 것도 물론 아니다. 그래서 공항 세관에서는 마약 밀반입을 적발하기 위해 다양한 방법을 사용한다.

우선 수화물은 전부 엑스레이 검색대를 통과하며 마약 검사를 거친다. 사탕이나 건강보조식품 속에 마약을 숨긴다거나 축구공이나 신발에 마약을 숨기기도 하는데, 이는 대부분 엑스레이 검사를 통해 바로 적발된다. 그리고 세관에는 사전정보분석시스템APIS이라는 것이 있다. 이를 통해 승객이 어느 지역을 방문하는지, 어느 항공사를 이용하는지, 법 위반 전력이 있는지 등 모든 정보를 사전에 입수하여 분석한다. 그렇게 요주의인물 리스트를 만들어서 관리하다가 APIS에 오른 인물이 공항에 도착하면 사복 차림의 비밀 요원들이 따라붙는다. 수상한 행동을 하는지, 화장실에 들어가서 오래 있는지, 공범과 대화를 나누는지, 어떤 문자 내용을 보내는지 등 일거수일투족을 밀착 감시한다.

그나마 감시를 피할 방법이라고 하면 몸에 직접 마약을 은닉하고 입국하는 것인데, 최근에는 이온스캐너, 드럭 와이퍼* 등 첨단 마약 탐지 장비들이 많아져서 적발하기가 훨씬 쉬워졌다. 그런데도 해외에서 마약을 밀반입하는 건은 갈수록 많아지며, 그 수법도 다양해지고 있다. 적발 사례를 보면 참신하다 못해 창의적이기까지 하다.

이처럼 마약 밀반입을 매우 엄하게 처벌하고 있는데도 왜 한국에서 갈수록 마약 밀반입 사건이 많아지는 걸까. 물론 여러 이유가 있지만, 가장 큰 이유는 한국이 마약 청정국이기 때문이다. UN에서 인정하는 마약 청정국은 인구 10만 명당 연간 마약 사범이 20명 이하인 국가다. 2016년 한국의 인구는 5,122만 명이었고 마약 사범의 수는 1만 4,214명이었다. 이후로 마약 사범은 꾸준히 증가하고 있으니, UN의 기준으로 보면 한국은 2016년도부터는 더 이상 사전적 의미의 마약 청정국이 아니다. 그러나 한국의 마약 유통량과 투약자 수 등을 다른 국가와 비교하면 마약 청정국이라고 표현해도 크게 무리가 없다.

※ 인체나 물건을 닦아내는 것으로, 마약류가 검출되면 곧바로 색이 변하는 장비.

한국은 북한을 제외하면 지리적으로 국경을 맞댄 국가가 없는, 사실상 섬과 마찬가지인 나라여서 타 국가에 비해 마약의 유통량이 적다. 그 결과 유통 가격이 높아진다. 쉽게 말해 마약을 들여오기 힘드니까 비싸게 팔린다. 그래서 밀반입에 한 번만 성공해도 큰돈을 벌 수 있다. 마약 판매상들이 위험을 감수하면서도 끊임없이 밀반입을 시도하는 이유다.

마약을 들여오다 걸리면 어떻게 될까? 일단 세관에서 적발되면 범행을 부인하는 것은 사실상 불가능하다. 마약, 운반한 항공기 노선 등 모든 증거가 분명하게 남아 있기 때문이다. 이럴 때는 모든 범행 사실을 빨리 자백하고 검찰과 법원의 선처를 바라야 한다. 운이 좋다면 자수감경을 받을 수도 있는데, 재판에서 피고인의 양형을 정할 때 최초 수사기관에서의 조사 태도와 자백이 참작되기 때문이다.

형사사건 변호인을 한다고 하면 흔히 받는 질문이 있다. 범죄자들을 왜 도와주느냐는 것이다. 물론 죄를 저지른 사실에 대해서는 마땅히 처벌을 받아야 한다. 그러나 그 처벌은 저지른 일에 합당해야 한다. 그래서 변호사는 사실과 다른 부분을 재판에서 다투기도 하고, 부당한 처우를 받지 않게 돕는다. 만약 형사사건의 범죄자가 억울하게 누명을 뒤집어썼을 가능성이 있다고 판단된다면 적극적으로 무죄를 주장하기도 한다. 반대로 변호인이 피의자와 피고인들에게 자백할 것을 설득하는 경우도 있는데, 증거와 정황이 분명한 사건의 경우 범행을 부인하기보다는 자백하고 선처를 바라는 것이 피고인에게 최선의 이익이 되기 때문이다.

내 첫 마약 의뢰인도 수사와 재판 과정에서 자신의 죄를 전부 인정했다. 진심으로 자신의 죄를 뉘우치고 반성하는 태도를 적극적으로 호소했다. 그는 아주 어렸고 전과도 없었다. 겁 없이 외국에서 마약류를 밀수한 것은 물론 큰 잘못이었지만, 경찰도, 검찰도, 그리고 재판부도 그를 선처해 주고 싶은 마음이 컸다. 그는 다행히도 짧은 구치소 수감 기간을 거쳐 집행유예로 석방될 수 있었다. 그리고 원래 그래왔던 대로, 바르고 성실하게 자기 삶을 살아가고 있다.

약하면
악한가

　나는 늘 의뢰인을 진심으로 지지하려고 노력한다. 지지한다는 말이 매우 모호하고 애매한 표현이지만, 여기에서 지지한다는 건 내가 만나는 의뢰인에게 편견을 갖지 않도록 애쓰고, 의뢰인을 판단하기보다는 믿어주려고 노력한다는 뜻이다.

　변호사가 하는 일이란 결국 누군가의 뒤처리를 해주는 것이다. 못 받은 돈을 받아주고, 잘못한 일이 있다면 대신해서 싹싹 빌고, 억울한 일이 있다면 대신 소리 내 싸워주고, 인생에 큰 실수가 있다면 적절한 대가를 치르고 그 실수를 극복할 수 있도록 돕는 일이다.

사실 남의 뒤처리를 한다는 건 그 사람의 실수와 잘못, 부족함을 적나라하게 마주하는 일이기도 하다. 그러다 보면 실망하고, 싫증 나고, 그러다 질리기도 한다. 그래서 변호사가 모든 의뢰인을 진심으로 좋아하기란 매우 어렵다. 특히 형사사건을 많이 담당하다 보면 반듯한 사람보다는 살짝 비뚤어진 사람을 자주 만나고, 정직한 사람보다는 거짓말에 능한 사람을 많이 본다. 그렇지만 누군가가 가진 밝은 구석, 좋은 에너지, 긍정적일 수 있는 미래를 들여다봐주는 것은 필요한 일이다. 누군가를 지지한다는 건 그런 게 아닐까.

나는 내가 맡았던 사건의 의뢰인 대부분과 사건이 모두 마무리된 다음에도 자주 연락을 나눈다. 한때 열심히 지지했던 만큼 그들이 어떻게 지내는지 궁금한데, 궁금하다 싶을 때쯤 되면 먼저들 연락이 오곤 한다.

나이가 20대 중반으로 비슷한 두 젊은 친구에게서 같이 밥을 먹자고 오랜만에 연락이 왔다. 두 친구 모두 한국에서 대마초를 구매하고 투약한 혐의로 형사처벌을 받았고, 그 과정에서 나와 알게 된 친구들이다. 같이 만나 식사를 하던 중에 마약과 관련된 책을 쓰고 있다고 했더니 두 친구 모두 시키지도 않았는데 자기들이 꼭 하고 싶은 말이 있다며 인터뷰를 하고 싶단다. 이 글은 그 친구들과 식사 자리에서 가볍게, 그렇지만 진지하게 오고 갔던 이야기들을 토대로 작성한 것이다.

대마초는 '미국에서는 합법이라더라' '태국에서는 편의점에서도 판다더라' '유럽에 가면 안 하는 사람이 없다더라' 등 무수히 많은 '카더라'가 일반인들 사이에 퍼져 있는 마약류다. 한국에서는 손을 대면 바로 마약법 위반으로 처벌받는 엄연히 금지된 마약[※]이기도 하다. 도대체 대마는 무엇이고, 얼마나 위험하며, 왜 사람들은 대마에 손을 댈까? 그리고 한국에서 대마초를 구매하고 투약하면 어떠한 처벌을 받게 될까?

두 친구는 유학파 MZ세대로, 이미 중고등학교 때부터 외국에서 대마초를 접했다. 요즘 젊은 세대들은 대마를 어렵지 않게 접한다. 해외여행이 잦아지고 많은 학생이 흔히

[※] 대마초는 '마약류 관리에 관한 법률'(이하 마약법)에서 마약, 향정신성의약품과 별도로 '대마'로 구분하여 규제하고 있다. 법의 정의에 따르면 대마는 마약이 아니라 대마 그 자체이지만, 사실 마약법에서 규제하고 있는 약물들을 대개 마약, 또는 마약류라고 지칭하기 때문에 이 책에서는 대마를 '마약'이라고 편하게 지칭할 것이다.

선진국이라 불리는 영어권 국가나 유럽에서 유학하며 마치 술이나 담배처럼 대마를 접할 기회가 생긴다. 두 친구 역시 한 명은 호주 유학 시절에 술집에서 친구들과, 다른 한 명은 미국 유학 시절에 대학 기숙사에서 외국인 여자친구와 처음 대마초를 피웠다.

맨 처음 대마초를 피웠을 때 한 친구는 별다른 느낌을 갖지 못했고, 다른 친구는 술에 만취한 것처럼 머리가 어지러웠단다. 공통점은 대마초를 처음 접한 날에는 그다지 큰 감흥을 느끼지 못했다는 것이다. 한 친구는 이렇게 얘기했다.

"대마에 대한 환상이 있었는데, 사실 처음엔 너무 싱거워서 실망했어요."

많은 나라들이 대마초를 합법화했거나, 합법화를 준비 중이거나, 합법화에 대한 찬반 논란이 뜨겁다. 사람들은 왜 대마를 원할까? 불면증에 좋다더라, 우울증에 좋다더라 등의 이야기는 많이 들어보았지만, 개인적이고 사적인 이유가 궁금했다. 이들은 왜 대마초를 계속 피웠을까? 뭐가 그리 좋았을까?

한 친구는 이렇게 대답했다.

"대마초를 피우면 마음이 편해지고, 하루의 긴장이 풀리고, 음식이 맛있게 느껴졌어요. 생활에 큰 활력소가 되는 것 같았어요. 매일 자기 전에 한 번씩 대마를 피우고 자는 게 습관이 되었죠."

또 다른 친구는 대마에 의존* 했다고 말했다.

"전 큰 감흥은 없었는데, 대마가 떨어지면 불안했어요. 기분이 가라앉고 몸에 기운도 없는 것 같고요. 숙취가 심한 체질이어서 술을 잘 못 먹었거든요. 그래서 술보다는 늘 대마를 선택했던 것 같아요."

미국에서 대마는 연방 차원에서는 불법이지만 많은 주에서 합법화가 이뤄졌다. 의료용 대마의 경우 이미 합법화

---

* 대마초가 의학적 의미에서의 중독성이 있는지는 여러 논문에서도 논란이 있는 부분이지만, 적어도 심각한 정도의 중독성을 가지지 않는다는 것이 공통된 의견이다. 다만 대마초도 술이나 담배와 같이 의존성은 있다.

의 역사가 매우 길다. 이들이 유학하던 시기에 해당 주에서 대마초는 합법이 아니었지만, 길거리에서 많은 이들이 피울 정도로 흔한 마약이었다. 유통이나 판매의 경우에는 규제하고 처벌했지만, 대마초를 피운다고 잡혀간다거나 처벌받는 일은 거의 없을 정도로 대마초 자유화가 이뤄진 상황이었다. 호주 역시 대마가 합법은 아니었지만 술이나 담배처럼 흔히 유통되었고, 클럽이나 술집 그리고 대학교 기숙사에서도 많은 이들이 대마를 피웠다. 이렇듯 유학 생활 중에 두 친구는 자연스럽게 대마를 피웠고, 이러한 습관은 한국에 와서도 계속됐다.

그러고 보면 합법화라고 하는 것은 어찌 보면 이미 바뀌어버린 현상을 법의 테두리 안으로 끌어들이는 것이 아닐까 싶다. 어떠한 행위를 불법과 합법으로 나누어 규정한다기보다는, 이미 일상에서 많은 이들이 큰 문제 없이 마주하는 현상이나 행위들을 제도권 안에 들이는 것이다. 대마가 합법화된 일부 국가들의 경우 먼저 의료용 대마가 합법화되고, 이후 사람들이 오락용으로 흔히 사용하고, 그러한 과정이 오래 지속되면서 마침내 전면적으로 합법화되는 과정을 거쳤다. 이러한 관점에서 보면 한국은 아직 대마초 합법화가 논의되기에는 이르다는 생각도 든다. 하지만 갈수록 대마초 흡연 등으로 처벌받는 사람들, 특히 젊은이들이 가파르게 늘어가고 있다는 점을 볼 때 결국 우리나라도 어느 시점에서는 대마초를 합법화할 것인지 국민적인 논의가 뜨거워질 수밖에 없을 것이다.

한국은 마약 청정국이다. 판매자와 유통업자를 주로 처벌하는 외국과 달리 단순 투약만 하는 사람들까지도 매우 엄하게 처벌한다. 즉 대마를 피우기만 해도 감옥에 갈 수 있다는 얘기다. 그렇지만 한국에서 대마를 비롯한 마약이 아예 유통되지 않는 것은 아니다. 마약 청정국이기 때문에 마약의 판매 가격이 외국에 비해 현저히 높은 측면도 있다. 그래서 한국에서 마약을 투약하는 건 사회적으로든 경제적으로든 매우 리스크가 큰 일이다. 두 친구도 처음 한국에 돌아와서 한동안은 대마 대신 담배를 피웠다. 게다가 외국과 달리 우리나라에서는 주변에서 대마 유통책을 찾기가 어려웠다. 술집이나 클럽에 가도 대마를 나눠주거나 파는 사람이 없었다.

그런데 몇 년 전부터 상황이 달라졌다. 텔레그램을 통해 마약 거래가 이뤄지고 가상화폐 결제가 가능해지면서 마약을 쉽게 살 수 있게 된 것이다. 텔레그램 단톡방에 마약 경험이 있는 친구들이 모여 마약 이야기를 쉽게, 그것도 아주 재밌게 나누기 시작한다. 그중에는 마약을 파는 속칭 '딜러'라고 불리는 사람들이 있다. 그들은 아주 신선하고 재밌는 이벤트와 광고로 매일 투약자들을 유혹한다. 두 친구도 처음에는 호기심으로 텔레그램 마약방에 가입했다. 단체 채팅방에서 이야기를 보는 것도, 하는 것도 재밌었다. 그러다가 딜러들의 안전하다는 호언장담에 그들이 가르쳐준 대로 비트코인을 지급하고 대마를 조금 구해봤다.

　미국과 호주에서처럼 편하고 쉽고 자연스러운 과정은 아니었다. 속칭 '던지기(떤지기, 드랍)' 수법이었다. 익명으로 비트코인을 보낸 다음, 누군지도 모르는 텔레그램 상대가 가르쳐준 주소지를 찍고 가면 다가구 빌라촌의 후미진 골목길이 나타난다. 근처의 단자함, 쓰레기통, 배전함을 뒤진다. 검은 테이프로 비밀스럽게 감싼 비닐봉지를 몰래 호주머니에 넣고 잰걸음으로 빌라촌을 빠져나온다. 중간중간 CCTV가 있는지, 차가 따라오는지, 사람이 쫓아오는지 살핀다. 번거롭지만, 오히려 일련의 과정은 흥미진진하고 스릴 있었다. 그렇게 대마를 아주 조금씩 사서 집에 오면 며칠, 몇 주를 아껴서 조금씩 나눠 폈다. 당연히 '내가 이렇게 까지 해야 하나'라는 생각도 했다. 그래도 대마가 주는 즐거움이 컸다. 피우면 기분이 좋고, 몽롱하고, 나른하고, 스트레스가 풀렸다. 그러고 있으면 대체 이놈의 나라는 이걸 왜 불법으로 묶어놓는가, 하는 생각도 했다.

그러다가 경찰에 붙잡혔다.

⊙　　　⊙　　　⊙

뉴스에서는 하루가 멀다 하고 마약 사범 검거 소식이 들린다. '도심 한복판에서 여러 사람이 단체로 마약을 투약했다', '1만 명이 동시 투약할 수 있는 마약을 경찰이 압수했다', '젊은이들 사이에서 마약이 흔히 유통되고 있다' 등등 뉴스가 쏟아져나온다. 경찰은 마약 사범을 어떻게 잡을까? 두 친구는 어쩌다 경찰에 잡힌 것일까?

한 친구는 텔레그램을 통해 비트코인을 전송하는 신종 방식으로 대마를 구매했다. 지금도 텔레그램에 들어가면 마약과 관련된 채팅방과 채널이 셀 수 없을 정도로 많다. 그 채팅방에 있는 사람들 가운데는 정말 마약을 파는 딜러들도 있지만, 상당수는 흔히 말하는 '눈팅'을 하며 마약 채팅방에서 놀거나 구경하는 사람들이다. 물론 이들 중 여러 사람이 결국 마약에 손을 대는 예비 투약자다. 지금도 텔레그램에는 "비트코인으로 마약을 사면 경찰의 추적을 피할 수 있다"는 잘못된 정보가 떠돌아다닌다. 둘 중 한 친구도 그 말을 믿고 자기 은행 계좌와 비트코인 어플을 통해 텔레그램에서 대마를 구입했다.

경찰이 텔레그램으로 마약을 구매한 사람을 잡는 일은 아주 쉽고 간단하다. 우선 딜러가 먼저 잡힌다. 그러면 딜러가 사용한 은행 계좌와 비트코인 지갑 주소 등을 경찰이 확보한다. 물론 대포통장을 사용하거나 타인의 지갑 주소를 사용하여 수사망을 빠져나가려는 사람들도 있지만, 최종적으로 마약 판매대금을 어떻게 받았는지 찾아내는 것은 그리 어렵지 않다. 그렇게 마약 판매자의 은행 계좌나 비트코인 지갑 주소를 확보하면 해당 계좌에 현금을 이체하거나 비트코인을 전송한 내용이 낱낱이 파악된다. 그러면 마약 구매자들은 바짝 마른 옥수수 낱알처럼 쉽게 털린다. 한국에서 안전한 마약 구매 방법은 없다.

그렇게 구매자를 특정하면 경찰이 출석 요구를 하거나

직접 주거지에 찾아가거나 하는 식으로 수사가 시작된다. 다행히 이 친구는 경찰의 전화를 받고 자진 출석하여 자신의 범행을 모두 자백했고, 초범이라는 점을 감안해 검찰에서 최종 기소유예 처분을 받을 수 있었다.

다른 한 친구는 사람들이 다 보는 길거리에서 경찰에 긴급체포되었다. 경찰이 마약 투약자를 검거할 때 자주 쓰는 또 다른 방법이 바로 함정수사다. 우리가 흔히 영화, 드라마에서 보는 바로 그것이다. 경찰이 텔레그램을 통해 마약을 구매하면서 판매자나 드라퍼(운반책)를 검거하기도 하고, 함께 마약을 투약할 상대를 찾아서 약속을 잡고 현장을 덮치기도 한다.

이보다 한 발 더 나아간 함정수사는 흔히 '야당', '프락치' 등으로 불리는 수사 협조자, 즉 정보원을 이용하는 것이다. 비공식적이지만 경찰을 도와주는 마약 사범들이 있다. 그들은 자신의 혐의나 형량을 줄이기 위해서 경찰에 협조하기도 하고, 경찰이 정보원들을 이용하기도 한다. 후자의 경우 정보원을 통해 마약 구매를 시도하거나 함께 투약할 사람을 찾아 검거하기도 하는데, 이번 사건이 바로 그랬다.

정보원 A*는 마약을 투약한 혐의로 경찰에 체포되었

는데, 수사를 도와주는 조건으로 구속되지 않고 석방되었다. A는 텔레그램에서 대마를 함께 투약할 친구들을 모집했다. 채팅방에서 열심히 활동하면서 사람들과 신뢰를 쌓았다.

충분히 사이가 가까워졌다고 생각할 때쯤 A는 친해진 사람들에게 함께 밥을 먹자고 연락했고, A의 제안에 몇몇 사람들이 실제로 나왔다. 그중에 내 의뢰인도 있었다. 삼겹살집에서 고기를 구우며 중간중간 A는 대마초와 관련한 이야기를 계속 먼저 꺼냈다. 자연스레 동석한 사람들은 대마를 어디서 샀는지, 가격은 얼마인지, 얼마나 자주 피우는지 등을 술술 이야기했다. A는 대화 내용을 휴대전화로 녹음했다.** 그리고 한 시간쯤 지나 경찰이 왔고, 전부 경찰에 체포되었다.

마약 사범으로 체포되어 경찰서에 끌려가면 어떻게 될까? 마약 사건은 다른 사건들에 비해 체포나 구속되는 경우가 매우 많은 편이다. 마약을 투약하거나 소지하고 있다가 경찰의 함정수사에 걸려 그 자리에서 현행범으로 체포되기

※ 이 책에서 사례에 나오는 이니셜은 임의로 지정한 것이다.
※※ 한국에서는 상대방의 동의가 없는 음성 녹음이라도 녹음하는 당사자가 대화 현장에 있던 사람이라면 법적으로 도청이 아니기 때문에 위법하지 않으며, 이를 통해 녹취된 음성파일 역시 위법수집증거에 해당하지 않는다.

도 하고, 미리 사전에 영장을 받아서 마약 사범을 추적하여 검거하기도 한다. 우리 법은 불구속 수사가 원칙이기는 하지만, 마약 범죄의 특성상 증거를 인멸하거나 공범을 은닉할 우려가 있다는 이유에서 구속 처리하는 경우가 상당히 많다.

　마약 사건은 지방경찰청의 마약수사대, 혹은 일선 경찰서의 마약팀이나 강력팀에서 수사한다. 지금은 많이 나아졌지만 각 지방경찰청의 마약수사대는 시설이 매우 열악하거나 분위기가 무서운 곳들이 많다. 영화 〈범죄도시〉에 나오듯 컨테이너 박스에 수사팀이 꾸려져 있는 곳도 있고, 다 무너져가는 폐가 수준의 오래된 단독주택에 있기도 하다. 초범인 사람들은 일단 마약수사대에 들어가는 순간 겁을 집어먹을 수밖에 없다. 마약수사대 안에 들어가면 조사받는 다른 마약 사범들도 많이 보인다. 개중에는 여전히 약에 취해 고성을 지르거나 언성을 높이며 형사들과 실랑이를 벌이는 사람들도 있고, 수사에 아주 비협조적인 태도를 보이는 사람들도 있다. 경찰서를 처음 가보는 마약 초범에게는 이 모든 환경이 무섭고, 불편하고, 불안할 수밖에 없다.

⊙　　⊙　　⊙

　　길거리에서 체포된 친구는 유치장에 구금됐다. 그는 초범이었다. 마약 사건만 초범이 아니고 태어나서 경찰서에 처음 가봤다. 검사를 위해 소변과 모발을 채취해야 했는데, 경찰과 함께 화장실에 가서 소변을 종이컵에 받아 제출하고 머리카락을 50에서 100수가량 뽑았다. 머리카락이 없거나 탈색했으면 음모나 겨드랑이털을 뽑기도 한다. 일련의 과정은 결코 유쾌할 수가 없다. 그 친구의 말을 그대로 옮기자면, '분위기가 험악하고 이상한 사람들이 가득한, 정말이지 살면서 두 번 다시 가고 싶지 않은 곳'이었단다. 그 친구는 경찰서에서 수갑을 차고 앉아 있는 동안 두 가지 생각을 떠올렸다.

　　'와, 내가 이런 짓을 다시 겪지 않으려면 앞으로 절대 마약에 손도 대면 안 되겠구나.'
　　'그런데 대마초를 피우는 것이 과연 이렇게까지 크게 처벌받을 일인가?'

그 친구는 어렸을 때부터 해외에서 생활하며 외국에서 대마초를 어떻게 단속하는지 알고 있었다. 그래서 한국에서의 처우가 부당하거나 과하다고 느꼈다. 옳고 그름을 간단히 이야기할 수 있는 문제는 아니다. 마약 청정국의 지위를 유지해야 하고 법을 엄하게 집행해야 하는 처지에서 보면 대마초는 엄연한 마약이기 때문에 다른 마약들과 같이 엄중히 처벌해야 한다. 반면 외국과의 형벌 형평성, 의료용 및 오락용으로 외국에서 널리 쓰이는 현실, 그리고 대마초가 가진 신체적·사회적 부작용이 크지 않다는 점을 강조하는 입장에서는 대마초 흡연으로 체포되고 구속되는 일련의 현실이 과하거나 불필요하다고 생각할 수 있다. 어찌 되었건 이 친구는 경찰서에서 겪은 일로 정신적인 충격이 컸다. 호된 경험을 했기에 이후 다시는 대마를 구매하거나 투약하려는 시도를 하지 않았다.

두 친구는 곧 외국으로 다시 떠난다. 이민을 가고 싶단다. 혹시 한국을 떠나고 싶은 이유가 외국에서 자유롭게 대마초를 피우기 위해서냐고 물어보니, 그건 절대 아니라고 손사래를 쳤다. 한 가지 이유는 현실적인 문제였다. 일단 기소유예건 집행유예건 마약 사건으로 수사받거나 처벌을 받게 되면, 다음번에 또 마약으로 걸렸을 때 초범이 아니기 때문에 가볍게 넘어가지 않는다. 쉽게 이야기해서 만약 한국에서 대마초를 한 번만 더 피우다 걸리면, 이 두 친구는 정말로 감옥에 가야 할 가능성이 크다. 미국의 일부 주에서 대마초를 합법화한 주요 원인 중 하나도 대마초 흡연을 처벌함으로써 지나치게 많은 수의 전과자가 발생한다는 점이었다. 젊은 두 친구가 같은 실수를 반복할 가능성이 아주 없다고 자신할 수 없던 나는 이들의 걱정에 공감이 됐다.

또 하나의 이유는, 일련의 과정을 겪어보니 한국이 너무 보수적이고 답답하게 느껴졌다는 것이다. 외국에 나가서 대마를 꼭 하겠다는 것이 아니라, 대마를 할지 말지에 관한 문제가 자신들의 선택과 책임에 맡겨지는 사회였으면 좋겠다는 얘기였다. 자신에게 대마가 필요하다고 생각되면 하고, 절제해야겠다고 생각될 때는 멈추고, 그러한 선택의 주체가 법이 아니라 개인이어야 마땅하다고 생각한단다. 듣다 보니 우리가 흔히 MZ세대라고 하는 젊은 세대들은 집단의 규율보다는 자신의 자율을 더 중요하게 생각하는 것이 아닐까 하는 생각을 했다. 새로운 세대는 내가 자라던 세대와는 다른 교육을 받고, 다른 문화를 접하고, 다른 경험을 한다. 어려서부터 외국에서 자유로운 대마초 문화를 경험한 세대들은 한국의 엄격한 대마 처벌이 답답하다고 느꼈을 수 있다.

나이가 들수록 겁이 많아진다. 세상이 바뀌기를 기대하기보다는 현실에 더 잘 적응하기 위한 방법을 찾는다. 하지 말라는 짓은 하면 안 된다고 생각한다. 나도 그렇게 꼰대가 되었다. 하지만 변화는 우리의 의지와 상관없이 늘 가까이서 급격하게 진행된다. 최근에 동아시아 국가 가운데 태국이 처음으로 대마를 합법화했다. 편의점에서 대마 음료수를 팔고, 식당에서는 대마 피자를 먹고, 나라에서는 대마초 화분을 공짜로 나눠준다. 대마는 더 이상 먼 나라 이야기가 아니다. 가까운 나라의 변화를 마주한 상황에서 우리나라는 아직 본격적인 논쟁조차 시작하지 못했다. 자유로운 토론과 다양한 의견은 '마약'이라는 무거운 두 글자에 아직제대로 고개를 들지 못하고 있다. 겁이 많아진 세대와 겁이 없는 세대는 언제쯤 대마초 합법화를 놓고 열띤 찬반 토론을 벌일 수 있을까.

세상에서
가장 위험한 마약

상담이나 인터뷰에서 흔하게 받는 질문이 있다.

"마약류 가운데 가장 위험한 마약은 무엇인가요?"

나는 망설임 없이 대답한다.

"뽕이요."

'뽕'의 정식 명칭은 메스암페타민methamphetamine이다.

다른 별칭으로 '필로폰, 메스, 아이스, 술' 등 여러 가지가 있다. 그러나 우리가 흔히 쓰는 표현 중에 '뽕 맞았다', '뽕쟁이'라는 말이 있을 만큼 메스암페타민은 '뽕'으로 더 친숙하고, 또 그만큼 역사가 긴 마약이다. 여기서 역사라고 하면 유통과 투약만이 아니라 제조와 수출의 어두운 역사도 포함한다.

메스암페타민은 마약법에서 향정신성 '의약품'으로 규정한다. 이로 짐작할 수 있듯 처음에는 일본에서 의료용으로 개발된 약품이었다. 약의 첫 상표명이 'Philopon'* 이었고, 이것을 일본식 발음으로 읽은 것이 '히로뽕'이다. 따라서 메스암페타민을 필로폰으로 지칭하는 것은 엄밀히 말해 올바른 표현은 아니다. 하지만 우리나라에서는 필로폰이라는 말을 아주 오래전부터 광범위하게 써왔기 때문에 여전히 필로폰으로 통용된다. 심지어 검찰의 공소장과 법원의 판결문과 같은 공문서에서도 메스암페타민이라는 말보다는 '필로폰 투약', '필로폰 매매'와 같이 필로폰이라는 표현을 더 자주 사용하고 있다. 그러니 여기서도 일단 '필로폰'

---

* Philoponus. 그리스어로 '노동을 사랑하다'라는 뜻.

으로 지칭하겠다.

일본에서 출시된 최초의 필로폰은 요즘 흔히 접하는 에너지 드링크처럼 마시는 각성제 또는 자양강장제 형태로 제조되어 약국에서 아무런 제한 없이 팔았다. 물론 중독성과 부작용 문제가 발생했으나, 필로폰은 산업화로 인한 고된 노동과 제2차 세계대전의 암울한 분위기 속에 일본뿐만 아니라 미국과 유럽 등지에서도 널리 애용됐다.

필로폰의 가장 큰 효과는 강력한 각성이다. 필로폰을 투약하면 피곤함을 잊게 된다. 잠을 자지 않고 오랜 시간 집중할 수 있다. 그래서 당시에는 공장의 노동자들, 특히 집중력과 체력이 약한 소년·소녀 노동자들에게 필로폰을 투약하게 했다는 기록이 있다. 이러한 각성 효과는 특히 전쟁을 수행하는 군대에서 큰 힘을 발휘했다. 필로폰을 투약한 독일군이 며칠 밤을 자지 않고 진군했다는 이야기와 패망 직전 일본의 가미카제 비행사들이 필로폰을 투약했다는 이야기는, 진위를 떠나 그만큼 필로폰의 각성 효과가 엄청나다는 것을 말해준다.

그러나 제2차 세계대전과 베트남 전쟁 등을 거치면서 결국 필로폰에 중독된 군인들에 관한 문제가 불거졌다. 전쟁을 마치고 본국으로 돌아온 군인들은 여전히 필로폰을 끊지 못했다. 전쟁 후유증으로 인한 정신병적 문제들은 마약을 끊어내는 것을 더 힘들게 했다. 특히 1·2차 세계대전과 베트남 전쟁에서 본국으로 돌아온 미국인들은 필로폰 중독에서 벗어나지 못해 끝내 죽거나 자살하는 일이 많았다. 당시 미국에는 '리햅'이라 부르는 마약 중독 치료기관이 흔하지 않았고, 마약 중독을 개인의 문제로 치부하는 사회적 분위기 탓에 그들은 보호받지 못했다. 결국 전역자들의 필로폰 중독 문제는 심각한 사회 문제로 확대됐다. 그 탓에 지금까지도 미국과 유럽 등지에서 필로폰은 매우 엄격한 규제의 대상이 되고 있다.

필로폰의 두 번째 효과는 성욕과 사고능력 극대화다. 필로폰을 투약하면 몸이 달아오르고 무언가를 극도로 갈망하게 되는데, 이는 대개 성적 욕망으로 발현된다. 또 인지능력과 사고능력, 순간집중력이 높아져 시간 가는 것을 잊은 채 어떠한 행위나 사고에 몰입하게 된다. 며칠간 잠을 자지 않고 섹스를 하거나, 여러 날 밤을 새워 공부하거나, 혼자서

※ 재활 치료를 뜻하는 rehabilitation을 줄여 부르는 말.

컴퓨터 회로를 분해했다가 다시 조립해내기도 한다. 이처럼 강력한 효과를 가지는 약물은 그만큼 금단증상과 중독성이 강할 수밖에 없다. 필로폰 투약으로 뇌와 몸을 혹사시킨 뒤 약효가 떨어지고 나면 그 여파로 엄청난 무기력감과 우울감이 찾아오게 된다. 며칠 동안 침대에서 일어나지 못하고 잠만 자기도 하고, 약을 다시 투약하지 않으면 엄청난 무기력감에 방 밖으로 걸어 나오기도 힘들어진다. 약에 취해 자다가 다시 눈을 뜨면 약을 찾는 과정이 끝없이 반복되며 일상은 엉망이 된다.

필로폰이 무서운 점은 단 한 번의 투약만으로도 우리 뇌의 도파민 체계가 망가진다는 점이다. 단약 후에는 두 번 다시 행복감을 느끼지 못하는 몸이 될 수 있다. 이처럼 필로폰의 엄청난 부작용과 중독성이 밝혀지자 거의 대부분의 나라에서 필로폰을 마약으로 지정하고 엄격하게 금지했다. 그럼에도 필로폰은 여전히 많은 국가에서 마약으로 유통한다. 그 대표적인 나라가 한국이다.

한국에서 필로폰이 유독 많이 유통되는 이유는 앞서 언급한 필로폰의 역사에서 찾을 수 있다. 일본이 패망하고 대한민국이 독립한 직후 부산 등지에는 일제가 남겨놓은 필로폰 생산시설과 기술자들이 있었다. 전후 오랜 기간 개발도상국으로 마땅히 돈벌이가 없었던 시절 필로폰을 일본 등지에 팔아 돈을 벌려는 사람들이 여기에 달려들었다. 이곳에서 생산한 필로폰은 외국으로 수출된 것만이 아니라 국내에도 흘러들었다. 자국에서 생산·수출되니 해외에서 몰래 들여오는 마약과 달리 싼 값에 쉽게 유통될 수 있었다. 결국 국내에 필로폰 수요가 자리잡게 됐다. 대대적인 마약 단속과 국민소득의 증가로 이제 국내의 필로폰 대량 제조 시설은 거의 사라졌고, 필로폰을 외국에 수출해 돈을 버는 사업도 없어졌다. 그러나 우리와 가까운 아시아 국가에서 필로폰은 아주 싼 가격에 생산되어 국내로 유통된다. 이러한 배경 탓에 한국은 다른 나라에 비해 필로폰 투약자의 비중이 매우 높은 편이다.

마약 밀수,
과정과 말로

　지금 한국에 유통되는 필로폰은 어디에서 온 것일까? 과거 필로폰은 태국·미얀마·라오스 세 나라의 국경이 만나는 지역인 '골든트라이앵글'에서 주로 제조되어 한국에 들어왔다. 요즘은 북한산 필로폰인 '빙두冰毒'가 중국과 동남아를 거쳐 한국으로 수입된다.

　한국은 지리적으로 반도이지만 북한 때문에 육로가 막혀 사실상 섬이나 다름없다. 그래서 모든 마약 수입은 배나 비행기를 통해서만 가능한데, 한국은 항공과 선박 등의 단속이 굉장히 엄격하여 마약류 밀반입이 매우 어렵다. 유통

과정의 어려움과 희소성 때문에 국내에서 마약 가격은 매우 높게 책정된다. 다시 말해 마약 밀수업자는 어떻게든 한국에 마약을 몰래 들이기만 하면 큰돈을 벌 수 있다는 뜻이다. 그러니 마치 칼과 방패처럼, 국내 수사기관의 마약 단속 기법이 발전할수록 밀수업자들의 밀수 수법 역시 함께 진화한다.

마약 밀수업자들은 어떤 방법으로 국내에 마약을 들여올까? 이제부터는 실제 내가 담당했던 사건 사례들로부터 얻은, 뉴스에는 나오지 않는 이야기들이다.

마약을 밀수입할 때 선박을 이용하면 한 번에 많은 양을 수입할 수 있다. 적게는 수 킬로그램에서 많게는 수백 킬로그램까지 화물 속에 마약을 숨길 수 있기 때문이다. 그런데 선박 운송은 시간이 오래 걸리고, 무엇보다 국내 마약 시장은 규모가 크지 않아서 한 번에 많은 마약을 수입한들 이를 다 처분하기가 쉽지 않다. 그래서 뉴스에 가끔 등장하는, 선박 화물에서 찾아낸 수백 킬로그램의 마약은 대부분 한국을 거쳐 제3국으로 가는 마약이다. 국내에서 유통되는 소규모의 마약은 주로 비행기를 통해 밀수입된다.

코로나 이전까지 가장 흔하게 쓰인 방법은 사람이 직

접 몸에 숨겨 들어오는 것이었다. 비행용 캐리어 등의 짐은 모두 세관에서 엑스레이 검사를 거치기 때문에 단속될 확률이 매우 높다. 반면 사람의 신체는 수색하는 데 한계가 있다. '보디 패커'라 하여 마약을 비닐이나 콘돔 등에 싸서 삼키거나 항문으로 삽입해 몸속에 마약을 넣어 운반하는 방법이 있는데, 이처럼 극단적인 방법을 사용하는 경우는 흔하지 않다. 대부분 몸에 소지하거나 손에 드는 짐에 몰래 숨겨 오는 방법을 택한다.

코로나 전에는 동남아, 특히 태국과 필리핀 국적의 외국인을 고용해서 마약을 밀반입하는 경우가 많았다. 외국인은 세관에서 적발되어도 그 자리에서 추방시키는 편이고, 한국말을 하지 못하니 수사 과정에서 국내의 공범이 발각될 확률도 적기 때문이다. 그런데 코로나로 인해 입국 절차가 까다로워지고 여객기 운항 건수도 줄어들면서 외국인을 고용해 마약을 밀수하기가 매우 어려워졌다.

의뢰인 B는 그래서 자기가 직접 마약을 몸에 지니고 밀반입하기로 했다. B는 필리핀에서 캡슐 형태의 영양제 큰 통을 하나 샀다. 그리고 밤새 캡슐을 일일이 열어 내용물을 털어내고 필로폰 가루 1킬로그램을 채워 넣었다. 캡슐 하나에 필로폰 0.1그램씩, 시계보다 작은 전자저울로 계량하고 빨대 끝을 잘라 사용했다. 0.1그램이라 하면 아주 적은 양인 것 같지만 두세 명이 투약할 수 있는 양이다.

B는 운 좋게 세관을 통과해 밀반입에 성공했다. 필리핀에서 수십만 원에 구입한 필로폰 1킬로그램은 한국에 가져오니 시가 1억 원 상당이 되었다. 그런데 마약 판매 경험이 없던 B는 한국에 가져온 필로폰을 몇 번 팔아보지도 못한 채 경찰에 붙잡혔고, 징역 7년형을 선고받았다. 7년이라는 긴 시간에 대한 대가로 B가 얻은 금전적 수익은 고작 수백만 원에 불과했다.

태국에 있던 C는 안전한 방법을 택했다. 처음에 C는 교민들을 이용했다. 태국이나 라오스 등의 교민 사이트에는 종종 짐 배달을 부탁하는 글이 올라오곤 한다. 오는 길에 한국에서 김치를 가져다달라, 가는 김에 태국에 있는 짐을 운반해달라 등의 요청들인데, C는 이를 이용해 교민들을 전달 수단으로 삼았다. 교민들은 당연히 자신이 운반하는 짐에 마약이 들어 있을 것이라고는 상상도 하지 못했다. 수고비를 받은 사람도 있었지만, 순전히 호의로 C의 부탁을 들어준 사람도 있었다. 그런데 교민 가운데 한 사람이 C의 행동을 수상히 여겨 태국 현지 경찰에 신고했다. C는 검거를 피해 국경을 넘어 라오스로 도주했다.

라오스에서 C는 다른 방법을 사용했다. 택배를 이용한 것이다. 동남아에서는 오토바이 부품 가격이 싸기 때문에 한국에서 개인이 이를 수입하는 경우가 많다. C는 오토바이 헬멧, 머플러, 장갑 속에 필로폰과 엑스터시 등을 숨겨 보냈다. 이렇게 해외 배송을 통해 마약을 보내는 경우 대부분 세관에서 적발되지만, C는 꼬리를 밟히지 않을 방법을 택했다.

세관에서 마약이 적발되면 그때부터는 '통제배달'이 시작된다. 세관은 통관 과정에서 마약이 발견되면 그 자리에서 폐기하기보다는, 최종 도착지까지 수사기관의 통제 속에 마약을 배달한다. 마약 밀수범을 검거하기 위해서다. 이 방법을 통해 C의 마약 밀수를 도운 여러 공범이 한국에서 붙잡혔다. 그런데도 C의 범죄는 쉽게 멈추지 않았다.

C의 마약 수거책은 텔레그램에서 익명으로 섭외한 마약 초범들이었다. 그들은 대개 수십에서 수백만 원의 돈을 벌기 위해 본인이 얼마나 위험한 일에 가담하는지도 모른 채 C의 꼭두각시가 되었다. 한국에서 꼭두각시 하나가 붙

잡히면 C는 곧바로 텔레그램에서 새로운 수거책을 구했다. 붙잡힌 공범들은 C에 대해 아는 것이 없었다. 그의 실명, 전화번호, 주소, 심지어 어느 나라에 있는지도 정확히 알지 못했다. 그렇게 C는 라오스에서 수년 동안 많은 돈을 벌었다. 하지만 결국 수사기관에 꼬리가 밟혔고, 인터폴 공조를 통해 라오스에서 체포되었다.

마약남녀

　사람들은 왜 마약을 할까? 마약 변호사를 하다 보면 자주 듣는 질문이다. 물론 나 자신도 가끔 궁금할 때가 있다. 마약 전문 변호사는 마약과 법, 그리고 수사와 재판을 다루는 사람이다. 마약의 기전이나 작용과 부작용, 중독의 메커니즘에 대해서는 중독전문의나 사회학자들이 연구하는 분야일 것이다. 그러나 실제로 마약을 투약하거나 취급하는 사람들을 가장 자주 접하고, 그들과 많은 대화를 하고, 옆에서 지켜보는 건 그들의 변호인이다. 변호인으로서 나는 무엇을 보고 들었으며 무엇을 느꼈을까.

마약에 대한 지식이 전혀 없는 사람들은 마약에 대해 궁금한 것이 무척 많다. 마약은 왜 하나, 마약을 끊을 수 있을까, 마약에 취하면 무슨 짓을 하나 등등이 있지만, 답은 의외로 간단하다. 질문에서 '마약'이라는 단어를 '술'이라는 단어로 바꿔보면 쉽게 이해할 수 있다.

　　동서양을 막론하고 술도 마약처럼 법으로 금지되던 때가 있었다. 21세기인 지금도 특히 아랍권 국가들 가운데 법으로 술을 금지하는 나라들이 있다. 미국은 과거 금주법의 영향으로 자유주의 국가 가운데 술에 대한 규제가 세계 최고 수준이다. 심지어 어떤 행정구역에서는 술의 판매를 허용하지 않는 곳들도 남아 있다. 내가 있던 캘리포니아에서는 대마초보다 술을 엄격하게 규제했다. 위스키처럼 도수가 높은 술을 파는 곳은 면허 취득을 어렵게 만들고, 새벽 2시가 넘어가면 술 판매를 원천 금지했다. 그리고 미국 나이로 만 21세 미만은 술을 구매할 수 없게 되어 있다. 밖에서 술을 사 마시지 못하는 탓에 미국의 대학생들은 집에서 술을 마시는 홈파티를 즐겨한다. 길거리나 공원, 심지어 해변 등 공공장소에서는 맥주 한 캔이나 와인 한 잔도 마음대로 마실 수 없다. 또 술에 취한 것이 명백해 보이는 취객에게 술을 판매한다면, 취객이 술집을 벗어나서 저지르는 불법행위에 대해서까지 술집 주인에게 손해배상 책임이 발생한다. 우리가 보기에는 저렇게까지 할 필요가 있나 싶을 정도다. 다시 말하면, 술로 인해 발생하는 법적인 문제에 대해 대한민국은 미국과 비교가 안 될 정도로 관대하다.

마약은 법적 규제뿐만 아니라 작용과 부작용도 술과 비슷한 측면이 많다. 다만 그 정도가 술보다 마약류가 훨씬 강할 뿐이다. 마약류는 적정량을 투약하거나 섭취하면 사람의 기분을 좋아지게 한다. 애초에 소량 섭취만으로도 불쾌하거나 부작용이 크다면 마약으로 널리 유통될 리가 없다. 물론 일정 용량을 넘어가면 어지럼증이나 환각을 겪게 되고, 치사량을 넘으면 심지어 사망에 이르는 부작용을 경험할 수도 있는데, 이러한 점도 술과 닮았다. 어떤 마약은 진통 효과가 있고, 쉽게 잠들게 만들기도 한다. 이 역시 과거 유럽에서 술을 약으로 사용한 이유와 비슷한 작용이다. 어떤 마약은 술처럼 사람을 흥분시키고, 심장을 더 빨리 뛰게 만든다. 사람들이 여럿 모여 시끄러운 음악 속에서 춤을 출 때 가장 흔하게 사용되는 약물은 알코올과 엑스터시다. 또 마약과 술은 똑같이 화를 끓어올리게 만들기도 한다. 술에 취한 상태로 누군가를 때리거나 해하는 경우가 있듯, 마약에 취해 폭력성을 드러내는 경우가 있다.

섭취했을 때 사람을 성적으로 흥분시키거나 성적 욕망을 증대시키는 약물을 최음제라고 부른다. 술은 대표적인 최음제다. 영상 매체에서 주인공들이 잠자리를 가지기 전에 와인이나 위스키를 한 잔 마시는 장면은 클리셰이고, 실제로 클럽이나 유흥주점에서 술은 사람의 성적 욕망과 흥분을 쉽사리 끌어올린다. 마약이 가진 가장 주요한 효과도 성적 흥분이다. 종류에 따라 다르지만 주로 긴장, 각성, 흥분 등을 일으키는 엑스터시와 필로폰이 최음제의 목적으로 흔히 사용되는 마약이다.

마약 중에서도 사람을 성적으로 가장 흥분시키는 약물은 필로폰이다. 실제 마약 사건을 보더라도 엑스터시는 주로 클럽 등 사람이 많은 곳에서 춤을 추며 파티하는 목적으로 사용되는 경우가 많은 데 비해, 필로폰은 대개 성적 목적을 가지고 만난 소수의 인원이 밀폐된 곳에서 함께 투약하는 경우가 많다. 물론 필로폰도 조용히 혼자 투약하고 일상생활을 하는 일명 '생활뽕'을 하는 사람들도 있지만, 많은 경우 필로폰 투약 사건은 성을 매개로 이뤄진다.

필로폰을 주사기로 투약하면 즉시 몸이 뜨거워지는 기분이 들고 극한의 각성 상태가 되어 무언가에 고도로 집중하게 된다. 필로폰을 투약한 뒤 몇 시간을 먹지도 자지도 않고 섹스를 하기도 한다. 그렇게 몇 번 하다 보면 필로폰 없는 섹스는 싱겁고 시시하고 별 감흥이 없어진다. 섹스가 좋아서 필로폰을 하기도 하고, 필로폰을 투약하고 나면 욕구가 생겨서 섹스 상대를 찾기도 한다. 그런데 본인은 투약한 상태에서 투약하지 않은 상대와 관계를 맺는 건 재미가 없고 위험하기도 한 일이다. 남녀가 함께 만나 투약하는 경우가 많은 이유다. 약을 구해주는 역할은 대체로 남자가 맡는다. 남자가 필로폰을 구해서 이를 미끼로 여자를 만나기도하고, 필로폰을 하고 싶은데 돈이 없으니 구해줄 남자를 찾는 여자도 있다. 필로폰 사건들은 이렇게 남녀가 서로 얽히다 보니 다른 마약 사건들보다 사달이 자주 난다.

⊙   ⊙   ⊙

마약 사건에서 '의리'라는 건 원래 찾기가 쉽지 않지만 필로폰을 투약하는 사람들, 속칭 '뽕쟁이'라고 불리는 이들 사이에서라면 더욱 찾기가 어렵다. 자기들끼리도 "뽕쟁이는 믿지 마라"라는 말을 하고 다닐 정도다. 특히 남자와 여자 사이라면 의리는커녕 치정이나 원한으로 문제가 발생하는 사례가 많다.

의뢰인 D는 필로폰 중독이 심한 젊은 남성이었다. 그는 스무 살 때부터 십 년 넘게 필로폰을 투약해왔다. 병원도 다니고 감옥에도 가 봤지만 결국 끊질 못했다. 중독전문의의 말에 따르면 그는 중독에 취약한 성정과 체질을 가진 데다 투약 기간도 길다 보니 아무리 약을 써도 필로폰을 완벽하게 끊는 것이 불가능하다고 했다. D는 투약량을 최대한 조절하여 평생 관리하며 살아야 했다. 이 말인즉슨 그는 언제라도 경찰에 체포돼 구치소에 들어갈 수 있는 상황이라는 뜻이었다.

그는 인물이 좋았고 집안도 넉넉했다. 외로움을 많이 타는 성격이었지만 그만큼 사람을 좋아하고 잘 따랐다. D에게는 몇 달을 사귄 여자친구가 있었다. 그녀는 그를 만나기 전부터 이미 필로폰 중독자였다. 그간 필로폰을 투약하는 남자들을 여럿 만났고, 남자들은 늘 그녀에게 약을 구해다 줬다. 그녀는 D와 만나는 동안에도 함께 필로폰을 투약하고 즐겼다. 그러다 여느 연인들처럼 둘은 사소한 일로 크게 다투다 헤어졌다. 그녀와 헤어지고 나서 얼마 되지 않아 D는 경찰에 체포되었다. 헤어진 여자친구가 경찰에 자수서를 내면서 D를 신고했던 것이다.

그녀가 작성한 자수서에는 진실도 있었지만, 거짓이 섞여 있었다. 그녀는 D 때문에 마약을 처음 시작하게 되었다고 썼다. D가 자신의 팔에 주사기를 놓은 바람에 뜻하지 않게 필로폰을 처음 투약하게 됐고 만나는 동안 줄곧 D가 필로폰을 주사해줬다고 했다. 그래서 그녀는 혼자서는 필로폰을 주사하지 못할 정도로 마약 투약 경험이 적다고 했다. 심지어 D가 필로폰을 강제로 투약하고 원치 않는 성관계를 강요한 적도 있다고 진술했다. D는 졸지에 여자에게 약물을 투약하고 강제로 성관계를 했다는 '준강간'* 혐의까지 수사받게 되었다.

D는 억울했지만, 정황상 모든 게 D에게 불리했다. 어찌 되었건 D는 여자친구와 함께 마약을 투약한 것이 사실

※ 사람의 심신상실 또는 항거불능의 상태를 이용하여 간음 또는 추행을 한 자를 처벌하는 것으로, 술이나 약에 취하거나 잠에 빠져들어 몸을 가누지 못하는 상태를 이용해 성관계하면 폭행이나 협박이 없더라도 형법 제299조에 의해 강간죄와 같이 처벌한다.

이고, 그녀에게 마약을 제공한 것도 D였다. 그의 여자친구는 사전 준비를 끝내고 자수했기 때문에 투약 이외에는 추가된 범죄 혐의가 없었지만, D는 갑작스레 체포되는 바람에 마약류 소지와 교부 등의 죄도 추가되었다. 가뜩이나 성범죄는 피해자의 일관된 진술만 있으면 추가적인 증거 없이도 유죄 판결이 가능하고, 수사 과정도 기본적으로 피해자 진술의 신빙성에 무게를 두는 경향이 있다. 수사기관이나 재판부가 D의 주장을 쉽게 믿어줄 리 없었다. 반면 그의 여자친구는 자수한 데다 D를 검거하도록 도와주었다는 사정이 있어 최종적으로 검찰에서 기소유예 선처를 받았다.

　D는 내게 하지 않은 일을 인정할 수는 없다고 했다. 그가 마약을 투약하고 마약을 제공한 잘못은 인정하지만, 강간했다는 판결을 받으면 그는 억울해서 도저히 살 수 없을 것 같다고 했다. 준강간 혐의에 대해 무죄가 받아들여지지 않아 높은 형량을 받게 되더라도 그는 감수할 준비가 되어 있다고 했다. 그렇다면 남은 문제는 증거였다. 법적으로 정확히 표현하자면, 이 사건에서 준강간죄의 성립에 있어 유일하고 동시에 가장 중요한 증거인 피해자 진술의 신빙성을 탄핵하는 것, 그래서 합리적 의심의 여지 없이 유죄가 입

증되지 않았다는 논리로 무죄의 판결을 받아내는 것이다. 쉽게 말해, 피해 여성이 거짓말을 했다는 증거를 찾아내야 했다.

구치소에 갇힌 D를 대신해 그의 지인들에게 모두 연락을 돌렸다. D의 지인 가운데 그의 여자친구에 관해 상세히 진술해주겠다는 사람들이 있었다. 하지만 지인들의 진술서나 증언만으로는 피해자가 거짓말을 하고 있다는 사실을 밝히는 데 한계가 있었다.

나는 노력 끝에 그녀가 과거에 만났던 남자들을 찾아냈다. 그들은 하나같이 그녀가 필로폰을 투약한 지 꽤 오래되었으며, 스스로 자기 팔에 주사하지 못한다는 것은 거짓말이라고 이야기했다. 그들은 기꺼이 진술서를 써주었다. 그리고 가장 중요한 증거, 즉 그녀가 직접 자기 팔에 필로폰을 주사하는 사진과 동영상을 얻을 수 있었다. 그 외에도 작은 것들이지만 그녀가 쓴 자수서 및 경찰 조사에서 한 이야기와 모순되는 자료들도 확보했다.

이러한 증거들로 그녀의 진술에 거짓이 섞여 있다는 점을 넉넉하게 소명했고, 다행히 D는 준강간에 대해서는 무죄 판결을 받을 수 있었다. 물론 그는 초범이 아니었고,

마약을 단순히 구매하고 투약한 것을 넘어 마약을 제공했기 때문에 꽤 오랫동안 수감 생활을 해야 했다. 다만 그는 남은 형기를 적어도 억울함 없이 반성하는 기회로 삼을 수 있었다.

◎　　　◎　　　◎

의뢰인 E는 아직 마약 전과가 없는, 필로폰을 투약한 지 그리 오래지 않은 20대의 어린 여성이었다. 그녀는 유흥업소에서 접대부로 일하며 일 년 남짓 사귄 동종 업계 남자친구와 함께 살고 있었다. 화류계는 우리나라에서 남녀의 소득 역전이 가장 심한 분야다. 그녀는 남자친구보다 한 달에 열 배가 넘는 소득이 있었고, 자연스레 집도, 차도, 남자친구의 생활비 대부분도 전부 그녀의 돈으로 해결했다.

E는 남자친구를 만나기 전까지 술과 담배를 많이 하긴 했지만, 마약을 투약한 적은 없었다. 그녀가 필로폰을 투약하기 시작한 것은 지금의 남자친구를 만나면서부터였다. 그녀의 말에 따르면 밤에 일하는 것이 쉽지 않을 때 남자친구가 필로폰을 처음 건넸다고 한다. 당시 그녀는 맨정신으

로 일하면 정신적으로 지치고, 그렇다고 술을 많이 마시면 몸과 마음을 가누기가 어려워 곤란을 겪고 있었다. 그런데 필로폰을 투약하고 일을 들어가면 술을 마셔도 취하지 않고 새벽이 넘어서도 졸리지 않았다. 그래서 처음에는 일주일에 한두 번, 적은 용량으로 필로폰을 시작했다.

그러나 투약 기간이 일 년 가까이 되면서 그녀는 어느 순간 하루에 서너 번 투약하지 않으면 일상생활을 하는 게 어려울 지경이 됐다. 필로폰을 주사하지 않으면 잠이 깨지 않는 것 같고, 나른하고 무기력해서 출근할 수가 없었다. 일하는 중간에도 약을 투약하지 않으면 몸이 아파 제대로 일할 수도 없었다. 몸이 안 좋아지는 걸 느껴서 약을 며칠 끊기라도 하면 성격이 극도로 예민해지고 신경질적으로 변해서 남자친구와 수시로 다퉜다. 언젠가부터 그녀는 필로폰을 사람들이 커피를 마시듯 투약했고, 특별히 기분이 좋다거나 하는 감흥도 느끼지 못하는 지경에 이르면서 투약 횟수와 용량은 계속 늘어만 갔다.

어느 날 새벽, 그녀는 남자친구와 크게 다퉜다. 서로 험한 욕설과 막말이 오갔다. 그러다 화를 주체하지 못한 남자친구가 그 자리에서 경찰에 전화했다.

"여자친구가 마약을 투약하는데요."

출동한 경찰은 E의 가방에서 주사기와 다량의 필로폰을 발견했고, E는 그 자리에서 체포된 후 결국 구속됐다.

E의 가방에 보관하고 있던 마약은 원래 그녀가 아니라 남자친구의 것이었다. 그녀가 투약하는 마약은 늘 남자친구가 구해다 준 것이었다. 변호인으로서 나는 그녀에게 남자친구에 대한 수사 협조를 하고 선처를 받을 것을 설득했다. 그것이 그녀에게 최선이었다. 그러나 그녀는 수사 과정이 다 끝나도록 남자친구에 대해서 함구했다. 수사기관조차 남자친구가 함께 마약을 투약했을 것으로 의심했지만, 그녀는 혼자 투약한 것이라고 주장했다.

그녀의 행동은 의리였을 수도 있고, 사건이 더 확대되어 자신의 추가 범행이 드러날까 두려웠기 때문이었을 수도 있다. 다만 확실한 것은 그녀에게는 연락하는 가족이나 친구가 없었기에, 기댈 곳이 구치소 밖에 있는 남자친구 하나뿐이라는 점이었다. 그녀의 마음이 통한 것인지 남자친구도 그녀를 위해 옥 수발을 열심히 했다. 하루도 빠지지 않고 아침마다 제일 첫 시간에 구치소로 면회를 왔고, 매일 한 번씩 여자친구에게 편지도 썼다. 자신의 실수로 여자친구가 구속되었다는 죄책감에 정말 최선을 다하는 것으로 보였다. E도 그렇게 생각했다. 하지만 사실은 달랐다.

그는 그녀가 필요했고, 동시에 그녀를 두려워했다. 마약을 구매한 것이 그라는 사실, 스스로 투약하는 한편 B에게까지 마약을 제공해왔다는 사실을 아는 사람은 세상에 그녀 혼자였다. 그녀가 함구한다면 자신의 범행이 발각될 리 없겠지만, 그녀가 생각을 바꿔 수사기관에 모든 걸 자백한다면 자신도 꼼짝없이 구치소 신세를 져야만 했다. 그래서 그는 구치소에 갇힌 여자친구에게 최선을 다하는 모습을 보여야만 했다.

얼마간은 그의 노력이 잘 통하는 듯 보였다. 그러나 애초에 그는 진심으로 여자친구를 위하는 사람이 못 되었다. 그는 구치소 접견을 핑계로 아무런 일도 하지 않았고, 여자친구가 믿고 맡긴 신용카드로 한 달에 수천만 원을 긁었다. 심지어 E의 은행 계좌에 있는 돈도 전부 다 찾아서 사용했다. 나는 그녀를 위해 대신 신용카드 회사에 사용 명세를 조회해 건네주었다. 그제야 E는 자신이 믿고 있던 남자친구가 실제로는 자신의 신용카드로 다른 여자들과 술을 마시고,

호텔을 다니고, 통장에 있는 돈을 찾아 마약을 구매한다는 사실을 알게 되었다. 그녀의 통장에는 이제 돈도 얼마 남아 있지 않았다.

결국 E는 늦게나마 경찰에 모든 것을 밝혔다. 남자친구는 구속되었고, 그가 마약을 구매하던 상선도 함께 검거되었다. 같은 구치소 안에서도 그녀는 그로부터 수없이 많은 편지를 받았다.* 편지의 내용은 대부분 진심 어린 사랑 고백과 함께 지금이라도 진술을 번복해달라는 것이었다. 하지만 E는 한 번도 그의 편지에 답장하지 않았다. 그리고 그녀는 자신의 남자친구보다 훨씬 빨리 수감 생활을 끝내고 사회로 복귀했다.

---

*대부분의 교정 시설에서는 남녀를 철저하게 구분하고 분리하여 수용한다. 따라서 같은 구치소에 있다고 하더라도 다른 성별의 수감자들을 마주하는 일은 거의 없다. 그리고 공범들 사이에서는 원칙적으로 서신을 보내거나 받는 일이 금지되어 있다. 그러나 흔히 '쓰리 쿠션'이라고 불리는 방법으로, 수용자들은 다른 수용자를 통해 한 단계를 거치면 얼마든지 편지를 전달할 수 있고, 실제로 이러한 일은 교정시설 내에서 흔히 일어난다.

차라리
죽고 싶어요

　필로폰을 투약하는 사람들은 누구일까? 과거 우리나라에서는 주로 조직폭력배들이 필로폰을 유통했다. 때문에 투약자들도 그들과 삶의 경계가 겹치는 사람들, 예를 들면 유흥가나 화류계 종사자 등이 대부분이었다.

　그러나 최근에는 필로폰 밀반입 루트가 다양해지고, 비트코인과 텔레그램 등 익명·비대면 거래 수단이 발달하면서 평범한 10대, 20대 투약자들이 굉장히 많이 늘었다. 내가 변호사 일을 처음 시작하던 10년 전만 하더라도 구치소에서 파란 명찰을 달고 다니는 마약 사범들은 대부분

3~40대 이상의 남성들이었다. 하지만 요즘은 젊은이들이 더 많고, 여성 수감자들도 상당히 늘었다.

문제는 나이가 젊을수록 마약에 중독되기가 쉽다는 점이다. 안정된 직업이 없고 인내심과 결단력을 기를 사회 경험이 부족할수록, 주변에 책임져야 할 사람이 적을수록 쉽게 자제력을 잃고 심한 중독에 빠지게 되는 것이다.

"차라리 죽고 싶어요."
"너무 죽을 것 같아서 다시 했어요."

필로폰 사건의 의뢰인들이 실제로 나에게 자주 하는 말이다. 여러 종류의 마약 사건 가운데 필로폰 투약자들의 재범률은 유독, 월등히, 압도적으로 높다. 내 경험에 의하면, 선처를 받고 나온 필로폰 투약자의 절반 이상이 다시 필로폰에 손을 댄다. 기소유예를 받고 얼마 지나지 않아 다시 투약한 사람도 있었고, 집행유예 기간에 투약하다 유예가 취소되는 경우도 있었다. 심지어는 재판 중에 다시 투약하거나, 구치소에서 출소하는 날 다시 주사기를 꽂는 의뢰인도 있었다. 그들이 모두 마약에 대한 경각심이 없거나 스스로 끊으려는 노력을 하지 않았던 것은 당연히 아니다. 내가 만난 대부분의 필로폰 투약자들은 정말 진심으로 약을 끊고 싶어 했다. 마약을 끊지 못해 죽을 만큼 힘들어하는 모습을 보는 건, 많은 마약 중에서도 필로폰이 유일하다.

우리는 뉴스 기사 등을 통해 어떤 유명인이 마약으로 처벌을 받고서도 다시 투약했다는 소식을 접하곤 한다. 그리고 그 사람의 빈약한 도덕성과 나약한 의지를 평가하고 비난한다.

생각해보면 마약 전과자가 된다는 것은 끔찍한 일이다. 직장을 잃고, 건강과 아름다움을 잃고, 모두로부터 비난을 받으며, 심지어 가족과 친구에게 버림 받기도 한다. 구치소나 교도소에 수감되어 형기를 살아야 하고, 출소 후에는 자신이 잃어버린 그 모든 것들을 마주할 현실로 돌아가야 한다. 일련의 과정은 두 번 다시 겪고 싶지 않은 아픔일 터다. 그런데 한순간에 모든 것을 잃어보고도, 아주 강한 단약 의지를 갖고도 결국 다시 또 투약하게 되는 마약이 바로 필로폰이다. 약을 끊지 못하면 결말은 비극이다. 필로폰을 끊지 못하고 결국 파국으로 치닫는 삶을 나는 수없이 목격했다.

F는 유명인이었다. 그에게서 처음 전화가 왔을 때, 나

도 그의 이름을 듣고 적잖이 놀랐다. 그는 6개월 전부터 수사망에 올라 이미 여러 번 조사를 받았다고 했다. 여러 공범이 이미 그와 함께 투약했다고 경찰에 자백한 탓이었다. 용케도 두어 번의 경찰 조사에서 마약 음성 결과가 나온 탓에 그에 관한 이야기는 공론화되지 않았다.

그는 진심으로 필로폰을 끊고 싶어 했다. 그동안 쌓아 온 부와 명예가 한순간에 무너질 수 있다는 것을 그는 누구보다 잘 알고 있었다. 그런데 필로폰은 그가 생각하는 것보다 강력했다. 치료가 필요했지만, 얼굴과 이름이 알려진 탓에 병원에서 대놓고 마약 중독 치료를 받는 것을 그는 상상할 수 없었다.

게다가 그의 주변에는 사람이 없었다. 필로폰 투약을 시작한 후 그는 약 친구들을 제외하면 철저하게 혼자였다. 가족과 친구 중 누구에게도 사실을 이야기하고 도움을 청할 수 없었다.

용기가 필요했지만, 그에게 필요한 용기는 보통 사람들보다 컸다. 불안하고 외로울수록 그는 약에 기댔다. 심지어 나와 함께 경찰 조사를 받기로 한 날 아침에도 휴대전화를 꺼 두고 필로폰을 투약했다. 나는 결국 그의 사건을 사임

했고, 얼마 후 TV에서 그가 나오는 뉴스를 지켜볼 수밖에 없었다.

⊙   ⊙   ⊙

G가 처음 부모님과 함께 상담하러 왔을 때 그녀는 이제 갓 성인이 된 어린 나이였다. 얼핏 보아도 키가 160센티미터는 넘어 보였지만 몸무게는 40킬로가 되지 않았다. 그녀의 눈 밑은 검게 푹 꺼져 있었고 몸은 마른 가지처럼 앙상했다.

그녀는 아주 어려서부터 왕따를 당했다. 특별히 모난 성격은 아니었으나 유독 말이 없고 낯을 많이 가렸다. 결국 중학교를 끝으로 그녀는 학교에 가지 않고 집에만 있었다. 그녀는 텔레그램에서 친구를 만들었다. 어린 그녀에게 텔레그램 마약방 사람들은 친절했다. 그렇게 몇몇 사람들과 친해지면서 그녀는 필로폰에 손을 대게 됐다.

너무 이른 나이였다. 조심성이 있을 나이가 아니었다. 그녀는 필로폰을 자주, 많이 투약했다. 매일 밤 방 안에서 필로폰을 투약했지만 그녀의 가족들은 짐작조차 하지 못했다. 예민하고 날카롭게 굴고 살이 빠지는 건 그녀의 성격 탓이라고 생각했다.

다행히 그녀는 필로폰을 끊기 위해 노력했다. 그녀의 가족들도 진심으로 단약 과정에 함께했다. 그녀와 함께 병원에 다니고, 매일 산책하고, 마약퇴치운동본부에서 하는 모임에 그녀와 가족 모두가 참여했다. 깡말랐던 그녀의 몸무게는 어느덧 60킬로가 넘었다. 매주 병원에 데려가 소변 검사를 하는데도 단 한 번도 양성 반응이 나온 적이 없었다. 그녀는 더 이상 필로폰을 투약하지 않았다. 가족들도, 그녀도 평화로웠다. 이제 약을 끊었으니 평범한 일상을 살면 되는 일이었다.

그러던 어느 날, 그녀는 아무런 예고도 없이 갑자기 스스로 생을 마감했다. 유서도 없었고, 아무런 낌새도 없었다. 사고 당일에도 가족들과 평범하게 저녁을 먹었다.

무엇이 문제였을까. 약을 끊는 과정이 그녀에게 죽을 만큼 고통스러웠던 것일까. 그녀가 필로폰을 끊었다는 사실에 주변 사람들 모두가 기뻐하고 안도했지만, 단약 과정에서 그녀가 감당했던 고통의 크기를 가늠할 수 있는 사람은 없었다. 가족의 슬픔에 비할 바는 아니지만, 당시 나는 한없이 허무했고, 비통했다. 처음 봤을 때보다 훨씬 더 건강해진 모습으로 밝게 웃던 모습이 한동안 머릿속에 맴돌았다.

⊙　　　⊙　　　⊙

H는 유명인은 아니었다. 그런데 그가 연루된 마약 범죄가 TV 뉴스에 크게 보도됐다. 초범에 단순 투약이면 구속까지는 이어지지 않는 것이 보통이다. 그러나 언론에 알려진 사건은 아무래도 일반 사건들보다 엄하게 처벌되는 사례가 많다.

H는 결국 구속됐고 직장, 연인, 사회적 평판까지 순식간에 많은 것을 잃었다. 1개월의 짧은 수감 생활을 마치고 그는 보석으로 석방되었지만 잃어버린 직장도, 헤어진 연인도, 연락이 끊긴 사람들도 다시 주워 담을 수 없었다. 구치소에 머물던 단 한 달 만에 그가 평생 일군 많은 것들이 사라졌다.

참담했지만, 그는 재기하기로 마음먹었다. 필로폰이 생각날 때마다 그는 구치소 안에서 쓴 일기를 꺼내 보았다. 일기장엔 두 번 다시 경험하고 싶지 않은 것들로 가득했다.

비좁은 방, 끔찍했던 한여름 옆 사람의 체온, 이름 대신 불리던 수감번호…… 일기 속 비참했던 기억들은 필로폰에 대한 갈망을 다잡는 데 효과가 있었다.

그는 마약을 투약하며 알게 된 사람들, 뽕방에서 새로 알게 된 사람들의 연락처를 전부 차단하고 지웠다. 출소 후 병원과 자조 모임 등을 다니며 마약 치료에 전념했다. 몇 달 동안은 술도 입에 대지 않았다.

문득 찾아오는 갈망을 이기기 위해 그는 아침에 눈을 떠서 잠들 때까지 치열하게 일했다. 주말이면 하루 열다섯 시간을 산행했다. 그렇게 몸이 지치면 약 생각 없이 깊은 잠을 잘 수 있었다.

그렇게 몇 주, 몇 달, 어느덧 몇 년이 지났다. 언젠가 그를 만나 이제는 필로폰 생각이 나지 않느냐고 물었다. 그는 대답했다.

"그냥 바쁘게 살고, 평생 참는 거죠."

사람들은 '필로폰은 절대 못 끊는다'라고 이야기한다. 나는 그 말에 동의하지 않는다. 물론 필로폰을 끊기가 죽을 만큼, 어쩌면 죽기보다 어렵다는 사실에는 동의한다. 필로폰을 끊지 못해 비극적인 결말을 맞은 의뢰인도 여럿 겪었다. 하지만 '절대'는 아니라고 단언할 수 있다. 굳은 결심과 치열한 노력 그리고 주변 사람들과 전문가의 도움이 필요하지만, 필로폰을 끊고 일상에 복귀한 사람이 분명 존재하니까. 나는 믿는다. 출구는 있다.

Part 2

포기하지 않아주셔서 고맙습니다:
약한 그들을 위한 출구

우리 아이가 약쟁이라고요?
죄보다 사람이 미워진다
인권수사의 사각지대
가족도 뿌리치는 마약 재범의 손
내 딸이 아니고 괴물입니다
그들의 가족으로 산다는 것
최후 진술의 날

우리 아이가
약쟁이라고요?

의뢰인 I는 외모만큼이나 아주 반듯하고 똑똑한 아들이었다. 늘 전교 1등을 했고 우리나라에서 제일 좋은 대학에 갔다. 군대도 문제없이 잘 다녀왔고, 한국에서 제일 큰 회사가 장학금까지 주며 그를 데려갔다. 부모에게 I는 너무나 바르고 착하고 든든한 아들이었다. 그의 어머니와 아버지는 따뜻하고 가정적인 분들이었다. 함께 살 때는 매주 교회에 함께 나갔고, 등산도 같이 다녔다. 무엇 하나 부족할 것 없는 완벽한 가족이었다. 그가 갑작스레 경찰에 체포되기 전까지는.

아무도 그의 투약 사실을 알지 못했다. 혼자 사는 아들이 최근 들어 연락이 뜸해지고 예전처럼 집에 자주 오지 않기는 했지만, 가족들은 아무런 눈치를 채지 못했다. 회사 동료들도 몰랐다. 그는 지각 한 번 하는 날이 없었고 일도 열심히 했다. 조금 피곤해 보여도 다들 그가 너무 열심히 일했기 때문이라고만 생각했다. 아무도 그가 속으로 망가지고 있다는 사실을 눈치채지 못했다.

사실 그는 필로폰 의존이 매우 심각한 상태였다. 필로폰은 금세 내성이 생기기 때문에 투약 기간에 비례해서 투약하는 약물의 용량도 늘어난다. 보통 1회 투여량은 0.03~0.05그램 정도인데 그는 한 번에 0.1그램씩, 많게는 하루에 다섯 번씩 남들의 몇 배나 되는 양의 필로폰을 투약했다. 어느새 그는 더 이상 특별한 각성 효과나 짜릿한 쾌감을 잘 느끼지 못하게 됐다. 그저 하루라도 필로폰을 투약하지 않으면 졸리고, 무기력하고, 집중이 안 되고, 활력이 없었다.

생활뽕. 매일 특정한 목적 없이 필로폰을 일상적으로 투약하고 살아가는 것을 말하는 은어다. 생활뽕을 한다면, 필로폰 중독이 매우 심각한 상태라는 뜻이다. I는 매일 주사기를 팔에 꽂았다. 아침에 일어나서는 잠을 깨고 출근하기 위해, 출근해서는 집중해서 일하기 위해, 퇴근해서는 힘을 내서 운동하기 위해 필로폰을 투약했다. 회사에서도 집에서도 약이 없으면 힘들었다. 무기력하고 우울하고 집중이 되지 않았다. 그러면서도 그는 자신에게 큰 문제가 있다고 생각하지 않았다. 그러나 본인만 인지하지 못했을 뿐 마약은 I의 몸과 마음을 빠르게 망가뜨리고 있었다.

가장 가까운 가족들조차 끝까지 I가 이상하다고 생각하지 못했다. 가족들은 그가 일이 많아서 예민하고, 예민하니 잠을 잘 자지 못하고, 그러다 밥도 잘 먹지 못하니 살이 계속 빠진다고만 생각했다. 그의 가까운 친구들 역시 그가 일하느라 바쁜가보다고만 생각했다. 그러는 사이 그의 필로폰 중독 증세는 점점 심해졌다. 투약 용량이 늘었고, 투약 간격도 잦아졌다. 평일엔 자기 방과 회사 화장실에서 투약했고, 주말이면 편하게 투약할 수 있는 모텔이나 호텔을 찾아 온종일 방 안에서 약만 하기도 했다.

약을 더 많이, 더 자주 투약할수록 그는 대범해졌다. 정확하게는 판단력이 흐려지고 조심성이 없어졌다. 호텔에 주사기를 놓고 나온다거나, 함께 투약하기 위해 만난 사람에게 직장이나 실명을 알려주기도 했다. 마약 구매 방법도 과감해졌다. 처음에는 조심스러웠지만 어느 순간부터는 자기 명의의 계좌를 이용해 마약 대금을 송금했다. 그는 더 많이 구매하면서 더 많은 증거를 남겼고, 더 자주 투약하면서 더 많은 공범을 만들어냈다. 그렇게 꼬리가 점점 길어지다가 결국 함께 투약했던 이들의 진술로 그는 경찰에 체포되었다.

I를 만나기 전에 유치장 앞에서 그의 부모님을 먼저 만났다. 마약 사건을 담당하면 의뢰인이 구속된 탓에 그 부모를 먼저 만나게 되는 경우가 종종 있다. 의뢰인의 부모는 대부분 마약에 대해 잘 알지 못한다. I의 부모님도 그랬다. 마약이라고 하면 영화와 뉴스에서 본 것이 전부였다. 자랑스러운 아들이 갑자기 그런 약쟁이가 되었다는 사실을 부모님은 도저히 받아들이지 못했다. 당장이라도 아들을 만나 묻고 따지고 꾸짖고 싶은 심정이었을 테지만, 아들은 지금 유치장에 초라한 모습으로 갇혀 있었다. 아들이 얼마나 구속되어 있어야 하는지, 다시 밖으로 나올 수는 있는 것인지 걱정이 앞서 잘잘못을 따질 여유가 없었다.

부모님은 나를 붙잡고 매달려 온갖 질문을 쏟아냈다.

모든 마약이 끊기 어렵나? 모든 마약이 환각을 경험하게 하나? 마약을 하면 모두 죽나? 다시는 정상인으로 돌아오지 못하나? 마약 투약자들은 모두 미치거나 나쁜 사람인가? 정상을 참작해줄 만한 여지는 없나?

처음 만난 내 의뢰인의 부모님에게 어디서부터 어디까지 이야기해주어야 할까. 마약에 대해 얼마나 솔직하게 말해줄 수 있을까. 무조건 당신 자식의 편을 들 수도 없고, 그렇다고 당신 자식을 천하의 몹쓸 놈으로 이야기할 수도 없는 노릇이다. 마약 변호사로서 가장 곤혹스러운 순간이다.

이때 나는 마약에 관한 책을 써야겠다고 다짐했다. 보통 사람들은 마약에 대해 알기 어렵다. 마약 투약자들의 가족들 역시 '마약'이라고 하면 다른 세상 이야기인 줄로만 알고 있다. 마약 사건을 다루는 변호사, 마약 사범을 수사하는 경찰과 검찰, 그리고 심지어 마약 사범의 유·무죄와 형량을 판단하는 판사들까지도 마약에 대해 잘 알지 못하는 경우가 많다. 마약과 마약 투약자에 대한 이해와 인식의 공감대를 갖추는 일. 그것이 반드시 필요하다고 생각했다.

죄보다
사람이 미워진다

"모든 범죄에는 피해자가 있다."

과연 맞는 말일까? 당연히 맞는 말일 것 같지만, 그렇지 않기도 하다. 형법에서는 보통 어떤 사람이 누군가에게 잘못을 저질렀을 때, 즉 타인의 법익을 침해한 경우 처벌한다. 누군가를 살해해서 생명권을 침해하는 살인, 무언가를 훔쳐서 타인의 재산권을 침해하는 절도, 강제로 성관계를 해서 타인의 성적 자기결정권을 침해하는 강간 등이 그렇다. 그런데 간혹 누군가에게 직접적인 잘못을 한 것이 없는데도, 즉 피해자가 없는데도 처벌하는 범죄가 있다. 바로 마약죄[*]다.

마약죄와 도박죄는 대표적으로 피해자가 없는 범죄다. 좀 더 정확히 이야기하면 피해자가 불분명하다고 할 수 있다. 마약이나 도박은 직접적이지는 않지만 간접적으로 다른 사람들에게 피해를 끼칠 수 있고, 사회의 미풍양속을 저해하거나 국가 경제에 간접적인 피해를 줄 수 있다. 이러한 경우 사회적 법익을 침해했다고 하는데, 굳이 따지자면 국가와 사회가 그 피해자가 된다.

형사 전문 변호사를 한다고 하면 사람들은 흔히 '무죄'를 받기 위해 법정에서 싸운다고 오해한다. 그래서 나는 첫인사로 "나쁜 사람을 변호하는 일이 양심에 걸리지 않나요?"라는 질문을 자주 받는다. 그러나 사실 형사사건에서 무죄를 주장하는 일은 생각보다 많지 않다. 무죄를 주장한다고 해도 최종 무죄 선고가 나오는 일은 더욱 흔치 않다. 실제로 많은 수의 형사사건이 무죄를 주장하기보다는 죄를 인정하고 선처를 구하는 변론을 한다. 그래서 변호사들은 정상참작을 받아 피고인의 형량을 낮추기 위한 노력을 많이 하는데, 대부분의 범죄에서 가장 중요한 정상참작 사유는 바로 '피해자와의 합의'다.

　뉴스를 보다 보면 살인, 강도, 강간과 같은 흉악범죄를 저지르고도 가벼운 처벌을 받는 경우들이 종종 있다. 그런 경우 솜방망이 처벌이라고 여론의 질타를 받기도 하는데, 이런 사건들을 자세히 살펴보면 피해자와 합의했거나 피해자의 용서가 있는 경우가 대부분이다. 본래 형벌이라는 것이 피해자를 대신해 국가가 나서서 가해자를 벌하는 것이기 때문에, 피해자 본인이 가해자의 처벌을 원치 않는다면 이를 엄하게 벌하기는 어렵다. 그래서 대부분의 형사사건은 피해자와 합의만 잘해도 절반은 성공했다고 볼 수 있다. 만약 피해자가 끝까지 합의를 거부한다면 '공탁'이라는 제도를 통해서 법원에 돈을 맡기고 선처를 구할 수도 있다.

　한데 마약 사건의 경우에는 직접적인 피해자가 없어서 합의도, 공탁도 불가능하다. 그래서 마약죄는 변호하기가 어렵고, 그래서 피고인의 정상참작을 위해 보다 창의적인 방법들이 동원된다.

　마약 투약자의 경우 정상참작 사유로 가장 중요한 것이 바로 '단약 의지'다. 앞으로는 절대 마약에 손을 대지 않겠다는 의지를 보여야 한다. 이를 위해 많은 피고인들이 구치소에서 '단약일기'를 쓰거나 매일같이 반성문을 써서 법원에 제출하기도 한다. 하지만 누구나 다 하는 말뿐인 방법을 가지고 재판부의 선처를 기대하기란 현실적으로 어렵다. 본디 마약이라고 하는 것이 자신의 의지만으로 쉽게 끊을 수 있는 것이 아니기에 피고인은 더욱 객관적인 자료를 추가로 소명해야 한다. 자신을 둘러싼 환경이 마약을 끊는데 도움이 된다는 것. 즉 안정된 직장은 있는지, 그동안 성실하게 살아왔는지, 무엇보다 주변에 단약을 도와줄 가족들의 협조가 있는지, 가족들과의 유대관계가 끈끈한지 등이 매우 중요한 요소가 된다.

죄는 미워하되 사람은 미워하지 말라고 했던가. 그러나 마약 사건은 정반대의 일이 일어난다. 죄보다 사람을 더 미워한다. 그게 내 가족 중 한 사람이면 더욱 그렇다. 마약투약자를 자식으로 둔 부모는 어떤 태도로 자식을 대해야할지 무척 혼란스럽다. 범죄자의 부모가 자식에게 갖는 이런저런 복잡한 감정에 더해, 마약 투약자를 자식으로 둔 부모는 자식을 끊임없이 의심하게 된다. 구치소에서 하루빨리 석방되어 나오기를 바라면서도, 나오면 곧바로 마약에 다시 손을 대는 것은 아닌지 의혹의 눈길로 바라보게 되는 것이다. 또 대부분의 마약 사건들은 성적 문제들이 결부되는 경우가 많은데, 이 때문에 사건 내용을 깊게 들여다본 부모는 알고 싶지 않은 자기 자식의 비밀과 사생활까지 알게 된다. 마침내 자식을 미워하거나 혐오하게 되는 경우도 생긴다. 비극이다.

인권수사의
사각지대

처음 서울마약수사대를 찾아간 날, 그 첫인상은 꾸덕한 크레파스를 지그시 눌러 그린 그림처럼 지금도 매우 선명하게 남아 있다.

마약 수사는 각 경찰서 내의 마약팀에서도 진행하지만, 주로 지방경찰청 광역수사대인 마약수사대에서 다룬다. 큰 사건일수록 마약팀보다는 규모도 크고 인력도 많은 마약수사대에서 담당하는 편이다. 흔히 줄여서 '마수대'라고 호칭하는데, 서울마수대, 경기북부마수대, 인천마수대 등이 있다.

지금은 마포구에 한강이 내려다보이는 잘 닦인 유리로 된 신식 건물로 옮겼지만, 서울마수대는 원래 서울 안암동 한구석에 눈에 띄지 않겠다는 것처럼 숨어 있었다.

근처 대로라고는 편도 2차선이 전부인 작은 교차로다. 돼지 곱창과 삼겹살을 같이 파는, 누렇게 색 바랜 간판을 내건 고깃집 바로 옆으로 눈을 돌리면, 대로 쪽이 아닌 구석을 바라보고 있는 낡고 좁은 대문이 보인다. 아무런 표식도 없는 낡은 건물 입구에는 누렇게 변색된 플라스틱 초인종 하나만 달랑 붙어 있었다. 초인종을 두 번 더 누르자 그제야 "누구시죠" 하는 다 갈라진 거친 소리와 함께 퍼런 철문이 '철컥' 하고 둔탁하게 열렸다. 철문을 열고 들어가니 오른편엔 버려진 옛날 주택처럼 보이는 2층짜리 건물이, 왼편엔 아주 오래된 단층 화장실 건물이 칸마다 문을 전부 열어두고 서 있었다. 마수대의 첫인상은 범죄 영화에 나올 법하게 음침했고, 두려움의 냄새를 풍겼다.

사람은 공간에 본능적으로 적응한다. 화려한 호텔 라운지에서는 허리를 곧게 세워 커피를 마시고, 엄숙한 예배당의 높은 천장 아래 나무 의자에 앉으면 목소리가 저절로 낮아진다. 공간은 분위기를 만들어내고 사람의 태도는 자연스럽게 그 분위기에 순응한다.

간판도 없이 마치 숨어 있듯 자리 잡은 마수대를 방문하는 사람들은 그 안에서 무슨 일이 일어나더라도 밖에서는 도무지 알아채지 못할 것만 같은 느낌이 든다. 이렇게 낡고 거칠고 폐쇄된 공간에서 마약 피의자들은 아무래도 쉽게 겁을 먹고 주눅이 들기 마련이다. 적법한 절차에 관해 따져 묻거나, 인권 수사를 당당하게 요구하거나, 뻔뻔하게 거짓말을 하기가 어렵다. 반면 이곳에서 수사를 진행하는 경찰은 압박 수사를 하기가 훨씬 수월하다. 반말을 하거나 윽박지르며 겁을 주는 한편으로, 피의자를 조사실 밖으로 불러내 담배 한 개비를 물려주고 타이르거나 화장실을 갈 때 따라가 문밖에서 달래며 유도신문을 하는 수사방식도 잘 통했다.

계단코가 다 닳아 반들반들해진 계단을 서너 개 올라가니 조그마한 조사실이 나왔다. 피의자에게 내어준 녹슨 접이식 철제의자는 수평이 맞지 않아 작은 움직임에도 신경질적으로 삐걱거리는 소리를 냈다. 석면이 빼곡히 붙은 낮은 천장에 마구잡이로 달린 파란 형광등은 눈꺼풀을 껌뻑이는 것처럼 미세하게 끊임없이 깜빡였다. 오래된 책상은 모니터 두 대가 겨우 나란히 들어갈 정도로 작았고, 크기가 다른 두 개의 모니터는 각기 다른 두께의 책을 받혀 어설프게 높이를 맞추고 있었다. 피의자가 경찰 맞은편에 앉고 나면 옆에 앉은 변호인은 모니터에 가린 경찰의 얼굴을 보기 위해 수사 중에 끊임없이 고개를 옆으로 쭉 빼고 말해야만 했다.

요즘에는 많이 개선되었지만 불과 몇 년 전만 하더라도 마약 사건의 피의자에게 존칭 대신 반말을 사용하는 일이 흔했다. 이름 대신 어떤 놈 무슨 새끼 등 험한 말로 조사를 진행하는 경우가 다반사였다. 내 의뢰인은 운이 좋았다고 할 것이다. 당시 같은 공간에는 서너 명이 동시에 피의자 신문을 받고 있었는데, 나머지는 모두 변호인 없이 혼자였다. 내 의뢰인에 대한 수사는 비교적 사무적이었지만, 옆자리는 분위기가 꽤나 사납고 험악했다.

경찰과 검찰에서 조사를 받을 때 변호인이 옆자리에 동석하면 적어도 심히 부당한 대우는 피할 수 있다. 욕설이나 폭언, 또는 소리를 지르거나 반말을 하는 경우가 훨씬 줄어들고, 진술을 거부할 권리나 영상녹화를 요구할 권리 등 헌법과 법률에 따라 자신이 가진 방어권에 관해 제대로 된

설명을 들을 수 있다. 물론 수사기관에서 피의자 신문을 시작하며 이와 같은 권리를 고지하지만, 마치 보험 광고 마지막에 속사포로 나오는 약관 안내문처럼 지나치게 형식적으로 전달하는 경우가 꽤 있다. 변호인이 수사 과정에 동석하면 적어도 이와 같은 권리 고지의 정확한 뜻과 자신이 행사할 수 있는 권리에 관해 충분한 조언을 받을 수 있다. 반대로 변호인이 입회하지 않고 피의자 혼자 조사를 받게 되면 위법, 강압에 의한 수사가 이뤄질 가능성이 커진다.

문제는 모든 피의자가 수사 단계에서부터 변호인을 선임할 수는 없다는 것이다. 우리나라는 사선 변호인이 없으면 국선 변호인을 지정해주지만, 어디까지나 영장실질심사 단계나 공판 단계의 이야기지 체포 단계에서는 아니다. 따라서 변호인을 따로 선임하지 않는다면 경찰과 검찰의 수사 절차는 변호인 없이 혼자 견뎌야 한다.

가족도 뿌리치는
마약 재범의 손

모든 형사사건에 변호인을 선임할 필요가 있는 것은 아니다. 그러나 마약 사건과 같은 강력범죄는 실형이 예상되는 중범죄이기 때문에 첫 조사 단계에서부터 변호인을 선임하는 경우가 많다. 만약 피의자가 갑자기 체포되어 인신이 구속된 상태라면 가족을 제외한 외부와의 연락이 전부 단절되기 때문에 스스로 변호인을 찾을 방법이 없다. 따라서 체포·구속된 피의자들은 대부분 가족의 도움을 얻어 변호인을 선임한다. 즉 가족의 도움을 받지 못한다면 수사 초기 단계에 변호인을 선임하는 것은 사실상 불가능하다.

내 옆자리에는 스무 살 초반으로 보이는 앳된 친구가
혼자 피의자 신문을 받고 있었다. 의자에 눕듯이 기대앉아
바닥만 응시하던 그의 성의 없는 태도에 경찰의 목소리는
크고 거칠어져 있었다. 그 친구는 조사 과정 중에 슬쩍 내
눈치를 보더니, 휴식 시간에 나에게 쪽지를 건네며 자기도
변호사가 필요하니 부모님께 꼭 연락해달라고 이야기했다.
그의 눈빛은 간절했지만 초점을 잘 맞추지 못한다는 느낌이
들 정도로 흐릿했다. 나이에 어울리지 않는 앙상한 팔다리
와 한여름에도 다 말라버린 입술, 그리고 짙은 눈 밑 그늘로
판단컨대 필로폰 중독이 심한 상태로 보였다.

어느 정도 예상했지만, 수화기 너머로 들리는 부모님
의 반응은 예상보다 더 차가웠다. 그들은 이미 아들의 손을
놓았다. 도와줄 여력이 없는 것이 아니라 도와주고 싶지 않
아 했다. 아들을 건져내는 것이 더는 아들을 위한 길이 아니
라고 여기고 있었다. 돌아와 다시 앉은 다음 그에게 부모님
이 도와줄 형편이 되지 못한다고만 이야기했다. 이미 많은
것을 잃었을 그에게 모든 걸 사실대로 이야기할 필요까지
는 없다고 생각했다.

마약 사건의 경우 초범이 아닌 재범은 가족의 도움을

받지 못하는 경우가 많다. 유치장이나 구치소에 수감된 피의자들은 하나같이 확신에 찬 말투로 "가족들이 도와줄 테니 연락해달라"고 하지만, 정작 가족들은 변호인의 연락을 피하거나 아주 냉정하게 도와주고 싶지 않다는 뜻을 분명히 전하고는 한다. 그들의 심정은 충분히 이해가 간다. 그들도 분명 처음에는 전폭적인 지지를 했을 테고, 가족이 구속되었다는 사실에 누구보다 놀라고 안타까워했을 것이다. 한 번만 도와주면, 그래서 하루빨리 출소하게 되면 다시는 같은 잘못을 저지르지 않을 것이라 믿었을 것이다. 그러나 많은 경우 가족들은 생각보다 빨리 배신당한다. 다시는 약에 손을 대지 않을 것이라는 약속은 그만큼 쉽게 깨어진다.

마약은 구치소에 몇 달 들어가 있었다고 저절로 끊어지지 않는다. 마약 사범에게 단약 의지가 있더라도 필로폰과 같이 금단증상이 심하고 갈망이 큰 약물을 의학적 도움 없이 끊는 것은 어렵다. 오죽하면 어떤 전문의는 필로폰을 끊는 건 아예 불가능하다고도 이야기한다.

단약을 위해서는 의학적 치료와 도움이 필수적이지만 우리나라 구치소나 교도소에서는 약물로부터의 격리 조치 이외에는 그 어떠한 것도 해주지 않는다. 약물 의존과 갈망에 대한 심리적인 상담은 물론이고 금단증상을 완화하기 위한 처방도 지원하지 않는다. 그저 마약 사범들을 형기를 채울 때까지 한 방에 가둬놓는 것으로 끝이다. 바로 그곳에서 마약 사범들이 서로 정보를 공유하고 네트워크를 형성하는 현실을 보면, 구치소나 교도소가 오히려 마약 재범을 양성하는 기관이라고 비난받아도 변명의 여지가 없다.

내 딸이 아니고
괴물입니다

　낡은 건물을 허물고 번듯하게 새로 지어도 왜 경찰서 주차장은 늘 차 댈 자리가 없는 건지 미스터리라는 생각을 하며 주차장을 두 바퀴 반 돈 다음, 문 열 공간도 없는 좁은 공간에 차를 욱여 넣은 후 끙끙대며 내렸다. 의뢰인의 부모님이 주차장 한가운데에 서서 내가 우스운 자세로 차에서 겨우 벗어나는 모습을 지켜보고 있었다.

　클라이언트를 처음 만나는 자리는 매우 중요하다. 많은 로펌들이 의뢰인을 만나는 회의실 인테리어에 돈을 아끼지 않는다. 변호사들은 넥타이와 시계까지 신경 쓰며 최선을 다해 손님 맞을 준비를 한다. 회의실이 번쩍번쩍하면 의뢰인들이 수임료를 안 깎는다는 우스갯소리도 있다. 나도 될 수 있으면 의뢰인을 처음 만날 때는 정돈된 회의실에서 무게감 있는 차림을 하고 기다리고 싶다. 하지만 형사사건, 특히 마약 사건을 하다 보면 이번처럼 길 위에서 고객을 만나야 할 때가 종종 있다.

형사사건의 피의자가 경찰에 체포되면 일단 경찰서 유치장에 구금되어 2~3일가량 구속 여부를 기다린다. 불구속 수사가 원칙이기에 형사사건의 피의자라도 무조건 체포나 구속이 되는 것은 아니다. 하지만 마약 사건의 경우는 사전 체포영장이 비교적 쉽게 발부되기도 하고, 현장에서 현행범으로 체포되는 이들도 많기에 유치장에 구금된 후 변호사를 찾는 경우가 많다. 그러면 좁고 어두운 유치장 안 변호인 접견실이 의뢰인을 만나는 회의실이 되고, 경찰서 주차장이나 경찰서 1층에 딸린 작은 카페가 의뢰인의 가족을 만나는 응접실이 된다.

격식을 차리지 않아도 되는 장소에서 만나는 것이 좋은 점도 있다. 변호사와 의뢰인의 대화가 직관적이고 솔직해진다. 애초에 경찰서는 숨긴 것을 드러내는 곳이지 않은가.

변호사 사무실에서 만날 여유도 없이 경찰서 주차장까지 나온 가족들은 대부분 마약 초범의 가족인 경우가 많다. 그들은 변호사를 만나자마자 피의자가 정말로 구속되는 것인지, 언제 나올 수 있는 건지 쉬지 않고 질문을 던진다. 그런데 이번에는 조금 달랐다. 의뢰인의 부모님은 자기 딸의 구속 여부에 대해서는 전혀 궁금해하지 않았다. 그들은 자기 딸이 정말로 마약을 한 것이 맞는지, 언제 얼마나 했는지를 캐물었다. 그리고 내 대답이 조금이라도 지체되면 거듭 같은 질문을 반복했다.

어머니는 많이 흥분한 상태였다. 딸이 약속을 벌써 세 번째 어겼다고 했다. 어제도 잠시 편의점에 다녀온다고 나갔는데 하룻밤 사이에 경찰서 유치장에서 만나게 됐으니 기가 안 막히겠느냐고 했다. 아버지는 침착해 보였지만 분명 분노하고 있었다. 같은 일이 반복되다 보니 더는 자기 딸같이 느껴지지 않는다고 했다. 원래 착하고 말 잘 듣는 아이였는데, 지금 유치장 속의 아이는 괴물처럼 보인다고 했다. 딸아이의 얼굴도 마주하기 싫어 유치장 면회도 부인만 들어가게 했단다. 딸 하나 없는 셈 치고 살 작정이라고, 이제 더는 자기 자식이 아니라고 생각하려 노력 중이시란다.

두 분은 주차장에 선 채로 마치 신문하듯 내게 끊임없이 질문했다. 딸아이가 투약한 약이 어떤 것인지, 용량은 얼마였는지, 언제부터 가족 몰래 투약해오고 있었는지, 관련된 공범은 누구인지, 혹시 경찰이 모르는 여죄가 있는지 등등. 그러나 끝까지 딸이 건강히 잘 있는지는 묻지 않았다.

마약 투약 기간이 길어지면 주변에 사람이 몇 남지 않게 된다. 당연히 마약으로 구속되었다는 소식을 듣고 단숨에 달려와줄 친구는 거의 없다고 봐야 한다. 국가도 그들을 적극적으로 돕지 않고, 마약 중독자를 위한 기관이나 시설은 검색창 한 페이지를 넘기지 못한다. 마약 사범은 가족 말고는 아무도 도와주지 않는다. 그들이 기댈 수 있는 곳이라곤 온전히 가족뿐이다. 그리고 가족이라는 울타리가 튼튼하지 않으면 그들은 언제라도 다시 쉽게 무너진다.

마약 초범이라면 수감되었을 때 가족이 전폭적으로 지원하고 지지하는 경우가 대부분이다. 10분의 면회를 위해 매일 구치소를 방문하고 동네방네 탄원서를 걷으러 다니기도 한다. 영치금 계좌 잔액이 줄지 않으면 무슨 일이 생긴 건 아닌지 불안해하고 금액이 조금이라도 줄면 금세 한도를 채워 넣어준다. 수감자가 하루라도 빨리 출소해서 가족에게 돌아오기를 매일 기도하며 수감자를 대신해 매일 법원에 반성문을 작성해 보낸다. 수감자들도 이러한 가족의 정성과 노력에 감동해 다시는 마약에 손을 대지 않겠다고 진심으로 뉘우친다.

주차장에서 만난 부모님들도 처음에는 그랬다. 누구보다 열심히 구치소를 드나들며 하루빨리 딸이 석방되기만을 기다렸다. 가족들의 노력과 염원에 딸은 일찍 석방되었다. 하지만 집행유예로 나온 지 얼마 지나지 않아 딸은 또다시 마약 사건으로 경찰에 체포되었다. 부모의 참담함은 이루 말하기 힘들었을 것이다.

처음에 딸은 진심으로 참회하며 누구보다 마약을 끊고 싶어 했다. 딸이 다시 마약에 손을 대기까지 도대체 이 가족에게 무슨 일이 있었던 걸까.

그들의 가족으로
산다는 것

신뢰를 쌓기에는 수십 년이 걸리지만, 무너지는 데는 몇 달이면 충분하다. 가족 사이에서도 그렇다.

마약 투약자와 그 가족이 겪는 갈등의 양상은 마약의 종류만큼이나 다양하다. 그렇지만 공통적으로 겪는 어려움이 있다. 우선 가장 큰 문제는 돈이다. 마약은 돈이 많이 든다. 밀수 과정에서 단속이 심하니 한국에서 마약은 거의 전세계 최고가로 유통된다. 필로폰처럼 중독성이 심한 마약은 하루에도 여러 번 투약해야 하므로, 단순히 계산해도 한 달이면 일반인의 월급 이상의 돈이 깨진다. 필로폰의 경우 1회 투약량인 0.03~0.05그램이 태국에서는 몇천 원가량이지만 한국에서는 10~20만 원에 유통된다. 중독이 심해서 투약량이 매우 많다거나, 중간에 사기를 당한다거나, 주변 사람들과 나눠서 투약한다거나 하면 한 달에 수천만 원 이상을 마약에 탕진하는 경우를 그리 어렵지 않게 볼 수 있다.

마약 중독이 심해질수록 나가는 돈은 많아지는데, 투약자는 심신이 피폐해져 정상적인 경제활동을 하는 것이 어려워진다. 구속되어 경력이 단절된 마약 전과자라면 평범한 소득 활동을 재개하기도 쉽지 않다. 그러나 주머니에 돈이 떨어진다고 약이 쉽게 끊어질 리 없다. 이미 중독에 이르렀다면 빚을 내서라도 투약을 한다. 처음에는 가족에게 여러 핑계를 대고 돈을 마련하다가, 주변 친구와 지인에게 손을 벌리기도 한다. 이 과정에서 친한 사람들이 떠나간다. 돈을 빌려주는 곳이 없으면 가족들 몰래 그들의 돈에 손을 대거나 사채를 쓰기도 한다. 시간이 흐르면 가족은 자연스레 투약자가 자신들의 돈으로 몰래 마약을 사고 거액의 빚까지 낸 사실을 알게 된다. 속았다는 배신감에 막대한 채무까지 정리해주어야 하는 상황이 오면 그동안 쌓아왔던 가족 간의 신뢰는 금이 가기 시작한다.

중독이 심하지 않아서 매일 투약하지 않거나 스스로 단약 의지가 매우 강한 경우라면 돈이 큰 문제가 되지 않지만, 여전히 그들 앞에는 넘어야 할 장애물이 많다. 투약자가 마약 사건으로 구치소를 다녀오고 나면 아무래도 가족은 투약자를 의심의 눈으로 바라볼 수밖에 없다. 친구를 만나러 나간다고 하고 마약을 투약하러 가는 건 아닌지, 방문을 닫아 놓으면 안에서 주사기를 꽂고 있는 것은 아닌지 의심하게 된다. 평소보다 화장실을 오래 쓰는 것만 같아도 거실에 앉아 있던 가족은 초조해지기 시작하고, 투약자가 눈앞에 보이지 않으면 아무리 짧은 순간이라도 몹시 불안해진다. 가족의 불안함과 초조함은 공기를 타고 그대로 투약자에게 전달된다. 자신을 불신하는 가족의 모습을 보면서 투약자는 매일 더 많은 스트레스를 받고 그만큼 더 약으로 도피하고 싶어진다.

투약자의 가족으로 사는 경험은 처음이기에, 그들은 모든 것이 서툴고 두려울 수밖에 없다. 그러나 아직 우리나라에서는 마약 투약자의 가족을 위한 교육이나 상담 프로그램이 미비하다. 한국마약퇴치운동본부에서 마약 투약자들의 가족을 대상으로 교육을 실시하고는 있지만 제공하는 서비스가 매우 제한적이다. 전문의를 통한 정신과 상담이나 치료 서비스는 제공되지 않고, 중독자의 가족들에게 체계적인 의료 서비스를 제공하는 병원도 사실상 찾기 어렵다.

우리나라에 몇 없는 중독 치료 전문의들은 가족에게 감시자가 아닌 관찰자, 조력자가 되라고 조언한다.

"당신의 가족이 마약에 다시 손을 댈 수도 있다는 걸 인정하라. 마약은 한 번에 끊을 수 없는 것이라는 사실을 받아들여라. 그들을 끝까지 지지하고 단약 과정에서 발생하는 모든 일에 긍정적으로 반응하라."

말은 쉽지만 가족들이 인정하고 받아들이고 실천하기엔 어려운 조언이다. 그렇지만 혹시라도 마약 투약자의 가족 중 이 글을 읽는 이가 있다면, 우선은 저 조언을 새겨들었으면 한다. 감시는 마약 투약자와 가족 사이에 의심과 불신을 피어오르게 한다. 서로 의심하고 경계하고 긴장하고 실망하고 분노하고 증오하는 일련의 과정 속에 가족이라는 울타리는 쉽게 무너지고 만다.

주차장에서 만난 그 부모님은 결국 딸을 도와주지 않

았다. 그들은 그것이 딸을 위한 최선의 길이라고 생각했다.

결국 딸은 그 이후 몇 년 동안 구치소에서 나오지 못했고,

출소하는 날 그녀를 기다리는 사람은 아무도 없었다.

최후 진술의
날

그날의 재판은 들어가는 순간부터 나오는 순간까지 몇 발걸음을 떼었는지까지 아주 상세히 기억한다.

10년 가까이 드나들어도 법정 문을 열고 들어가는 순간은 긴장되지만, 평소보다 숨을 더 깊게 들이마시고 법정 문을 열었다.

창문이 없는 공간들이 있다. 백화점, 카지노, 그리고 법정이다. 미국에서 일할 때 다녔던 법정은 복도에 작은 창을 내어 외부에서 안을 들여다볼 수 있게 설계돼 있었다. 그런데 우리나라 법정에는 창문이 없다. 한국에서 법정 바깥에 있는 사람이 안을 볼 수 있는 방법은 두꺼운 문을 열고 고개를 들이미는 방법뿐이다. 내부 공간을 외부와 단절시켜 놓은 이유는 장소마다 서로 다르겠지만 효과는 비슷하다. 햇빛의 색이 변해가는 것을 느낄 수 없는 폐쇄된 공간 안에서 사람들의 시간은 제각기 다르게 흐른다.

법정 정면의 제일 높은 단상에는 세 명의 판사들이 한 팔 정도 간격을 두고 앉아 있다. 가운데 앉은 재판장의 시간은 법정 안에서 가장 촉박하게 흐른다. 일주일 중 단 이틀. 재판부에 배당된 수십 가지 사건들의 재판을 이틀 동안 아침부터 저녁까지 종일 진행해야 하는 탓에 재판장은 마음이 아주 급해 보인다. 변호인은 물론 검사나 피고인의 말도 한 문장을 온전히 다 들어줄 여유가 없다. 법정 안에 떠도는 모든 문장은 그 끝을 재판장이 전부 가로챈다.

재판장의 양옆에 앉아 있는, 재판장보다 스무 살가량 어려 보이는 좌·우 배석 판사들은 아침부터 저녁까지 이어지는 재판에서 다섯 마디도 채 하지 않는다. 그들은 언제나 지루함과 싸우는 표정으로 앉아 있다. 시선을 어디에도 맞추지 않겠다는 듯 내려다보는 것도 아니고 올려다보는 것도 아닌, 표정을 읽을 수 없는 눈을 하고 그저 무엇인가에 주기적으로 시선을 옮기고 있다. 그들이 눈을 아주 천천히 깜빡이는 속도만큼, 그들의 시간은 법정 안에서 가장 지루하고 느리게 흐른다.

공개재판이 원칙인 우리나라에서 법정은 언제나 열린 공간이다. 잠금장치가 있기는 하지만 재판이 열리는 동안 법정의 문은 누구에게나 열려 있다. 그러나 특별한 목적 없이 구경 삼아 법정을 드나드는 사람은 흔치 않다. 대부분 가족이나 지인의 재판에 참석하러 왔거나, 가족이나 지인을 해친 가해자의 재판을 자기 눈으로 확인하기 위해 온 사람들이다.

그런 방청객들을 제외하면 나머지 사람들은 대체로 자기 사건의 순서를 기다리는 변호사들이다. 그들의 시간은 때론 느리게, 때론 빠르게 가속과 감속을 반복한다. 사건 준비를 마저 끝내지 못한 채 법정에 들어와 있던 어떤 변호사는 사람 머리 두께만큼 두꺼운 종이 기록을 허벅지와 배꼽 사이에 고정하고 10분 안에 다 읽어내기 위해 돈 세는 기계처럼 페이지를 넘기며 씨름하고 있다. 자기가 담당한 사건은 1분이면 끝날 정도로 간단한 사건인데도 수십 번째 앞 사건들을 구경해야 하는 처지의 다른 변호사에게는 분침이 시침의 속도로 움직인다.

간절함은 초조함과 닮아서일까. 평소 긴장을 안 하는 편이지만 그날의 나는 재판을 기다리는 동안 머릿속으로 다양한 경우의 수를 그리며 최후 변론을 조용히 되읊느라 시간 가는 줄 모르고 있었다. 모든 사건이 중요하겠지만, 인신의 구속 여부가 결정되는 형사사건은 한 사람의 인생이 달린 문제라 더 무거울 수밖에 없다. 특히 실형이 예상되는 사건이라면 재판이 끝날 때까지 목에 덤벨을 맨 것처럼 부담감이 크다. 아무에게도 떠넘기지 못하고 재판이 다 끝날 때까지 그 무게를 꼬박 견뎌야 하는 것이 형사 변호인의 일이다.

이번 사건은 처음부터 실형을 면하기 어려울 것으로 예상됐다. 대학생이던 피고인 J는 이미 작년 겨울 필로폰 투약으로 집행유예 선고를 받았고, 해가 바뀌자마자 집행유예 기간 중에 또다시 필로폰을 구매하고 투약했다. 누가 봐도 실형이 예상되는 건이었다.

J는 나를 만나기 전 모두 스무 명의 변호사와 상담했다. 대다수가 실형을 면할 가능성이 별로 없다고 말했으며 사건 수임도 거절했다. J에게는 다소 잔인했겠지만, 사실 그들은 솔직했고 양심적이었다. 몇몇 변호사들은 J에게 아무 걱정하지 말라며 무조건 실형을 면하게 해주겠다고 자신했

다. 그러나 이미 사정을 알아버린 J에게 지나치게 희망적인 이야기는 오히려 더 비극적으로 들렸다.

J가 찾아왔을 때 나 역시 수임을 거절했다. 실형의 가능성이 큰 사건이기도 했지만, 무엇보다 그의 행색과 말투에서 여전히 짙은 필로폰의 냄새가 풍겼다. J는 말수가 적은 사람이었다. 광대뼈와 턱뼈 사이에 있는 볼은 물을 담을 수 있을 정도로 깊게 패어 있었고 손목은 매달려 있는 시곗줄보다 얇아 보였다. 입술은 건조했고 치아는 누렇게 변색돼 있었다. 중독이 심해 보였지만, 이상하게도 그의 눈은 초점이 아주 분명했다. 너무나 또렷이 마주하고자 하는 그의 눈빛이 오히려 부담스러워 피하고 싶을 정도였다.

나는 J가 재판 준비 중에도 또다시 필로폰을 투약할 것이라고 판단했다. 그랬던 내가 마음을 바꾼 것은 순전히 그의 부모님 때문이었다.

상담을 마칠 때쯤 내가 정중히 수임을 거절하자 J의 어머님이 가방에서 공책을 꺼냈다. 너무 자주 펼쳤다 접었다 한 탓에 모서리가 만질만질해진 두꺼운 공책에는 몇 달 동안의 치열했던 일들이 두꺼운 연필로 빼곡하게 쓰여 있었다.

자식이 마약에 중독되었다는 사실을 알고 부모는 모든

일을 제쳐두고 자식의 단약과 치료에 매진했다. 유명하다
는 정신과 전문의들을 죄다 만나고 다녔다. 공책에는 자식
이 몇 시에 일어나서 하루에 몇 시간을 자는지, 밥은 얼마나
먹고 몸무게는 얼마나 느는지, 하루에 몇십 분을 함께 산책
하는지 모든 것이 아주 덤덤하고 건조하게 적혀 있었다. 간
혹 바뀌는 비뚤어진 글씨체는 J가 직접 적은 것이었다. 약
을 끊고 힘든 점들, 요동치는 감정들, 약에 대한 갈망이 강
하게 몰아치는 순간까지 솔직하게 적혀 있었다. 어머니였
는지 아버지였는지, 아니면 두 분 다였는지, 누군가 작지만
단호한 목소리로 말했다.

"의지가 강해요. 정말입니다. 우리 모두 죽을 각오로 노력
하고 있습니다."

나는 상담이 끝난 후에도 한참 동안 앉아서 단약 일기
를 읽었다. 마음이 움직였다. J 본인의 단약 의지가 강했다.
그리고 그보다 강한 의지를 가진 가족이 옆에 있었다. 이 정
도면 재판부를 설득해볼 만하다고 생각했다. 아니다. 사실
은 그저 J를 응원하고 싶었다. 그의 부모님이 행한 노력이

어떠한 결실을 보아야 한다고 믿었다. 다행히 재판은 불구속 상태에서 진행되고, 최소 반년 이상의 시간이 있었다. 재판이 끝날 때까지 더 두꺼운 단약일기를 함께 만들어낸다면 재판부를 설득할 수 있으리라 생각했다.

그날은 J의 최후 변론을 하는 재판날이었다.

⊙　　⊙　　⊙

누구나 한 번씩 그런 경험을 해봤을 것이다. 학교에서 혹은 병원에서, 많은 군중 속에 조용히 앉아 무언가에 집중하며 다른 생각을 하고 있다가도 저 멀리서 누군가 내 이름을 부르면 거짓말처럼 이름 석 자가 주변의 모든 소음을 뚫고 내 귀에 와닿는 경험 말이다. 법정에서 재판 순서를 기다리다 보면 비슷한 경험을 한다. 학교나 병원과 다른 점은 재판정에서는 이름이 아니라 사건번호가 먼저 불린다는 것이다.* 외우기 쉽게 만들어진 것도 아니고, 한 변호사가 적게

---

* 민·형사를 불문하고 법원에서 진행하는 모든 사건에는 고유의 사건번호가 붙는다. 사건이 법원에 접수된 연도를 기준으로 해서 재판의 종류와 순서에 따라 뒤에는 다른 번호를 붙인다. 예를 들면 2023가단 예를 들면 '2023가단1350', 같은 식이다.

는 수십 건에서 많게는 백 건 이상의 사건을 담당하기 때문에 모든 사건의 사건번호를 외울 수는 없다. 하지만 중요한 사건이거나 준비를 많이 한 사건이면 자연스레 사건번호가 외워진다. J의 사건번호가 들리는 순간 내 몸은 저절로 벌떡 일어났다.

형사재판은 대개 한 번으로 끝나지 않는다. 흔히 형사재판 날이라고 부르는 공판기일은 여러 차례에 걸쳐 진행된다. 첫 공판기일에서는 피고인이 자신의 죄를 인정하는지 여부를 밝히고, 이후 필요에 따라 여러 번의 공판기일을 더 진행한다. 검사와 변호인 모두 더 이상 할 것이 없으면 공판절차를 종료하고 결심結審을 한다. 공판절차가 종료되면 마지막으로 검사는 재판장에게 일정한 형벌을 피고인에게 내려달라는 구형求刑을 하고, 이에 대해 변호인은 최후변론을, 피고인은 최후 진술을 한다. 이날은 J의 마지막 공판기일이었다.

드라마와 다르게 실제 재판은 무척 조용하고 건조하게 진행된다. 민사재판은 심지어 당사자가 출석하지 않는 경우도 많아서 변호사와 판사 사이에 몇 마디 오고 가는 말로 재판이 종료되기도 한다. 원고와 피고의 소송대리인인 변호사가 나와서 "미리 제출한 준비서면을 진술하겠습니다." "의견은 서면으로 제출하겠습니다."라는 형식적인 이야기만 하고 1분도 안 돼서 재판이 끝나는 것이다. 그러나 형사재판은 당사자가 출석하고, 구두 변론주의 원칙에 따라 변호인이 직접 변론해야 하므로 민사소송에 비하면 드라마와 조금 더 가깝다.

피고인은 대부분 결심 때까지 말을 할 기회가 별로 없다. 별도의 피고인 신문을 진행하는 경우에는 피고인을 증인석에 위치시켜 변호인과 검사 그리고 판사가 순서대로 피고인을 신문한다. 이때도 피고인의 답변은 대부분 형사공판의 마지막 절차에서 이뤄진다. 따라서 피고인은 대부분 결심 때까지 말을 할 기회가 별로 없다. 절차상 재판장이 피고인에게 묻는 일도 거의 없고, 피고인도 재판정의 엄숙한 분위기와 판사의 눈치를 살피느라 입을 떼기가 쉽지 않다. 재판의 당사자인 피고인이 그동안 꾹꾹 눌러왔던 이야기를 드디어 다 풀어낼 수 있는 기회는 최후 진술이 이뤄지는 마지막 공판기일이다.

사건번호가 들리자 나는 딱딱한 몸을 일으켜 변호인 자리로 천천히 걸었다. J 역시 긴장한 듯 내 등 뒤에 붙을 것처럼 바짝 쫓아오는 것이 느껴졌다. 이번 사건에서 J가 징역을 면하기란 사실상 불가능했다. 선고 기일에 징역형이 나오면 J는 꼼짝없이 다시 구치소에 수감돼야 했다. 법을 어겨 죗값을 치르는 것이 억울할 일은 아니지만, 문제는 J가 정말 힘들게 치료를 받으며 단약을 이어나가고 있다는 점이었다. 만약 J가 다시 구속되어 구치소 안의 뽕방에 수감된다면, 마약 사범들과 몇 달에서 몇 년을 함께 지내는 동안 그간의 모든 노력이 다시 원점으로 돌아가지나 않을까 걱정됐다. J가 징역을 피하는 방법은 오로지 재판부의 선처로 벌금형 선고를 받는 일뿐이었다.

법률가들은 돌려 말하기를 좋아한다. 그래서 간혹 법률가들이 쓰는 문장은 끝까지 다 읽어도 무슨 말인지 헷갈릴 때가 있다. 판결문도 그렇다. 간결하고 명확하기보다는 장황하고 난해하다. 법률전문가가 아니고서는 판결문을 다 읽고서도 무슨 내용인지 파악하지 못하는 경우가 많다. 우스갯소리지만 "아니하지 아니한다고 아니할 수 없다"라고 이야기하는 식이다. 재판장에서 변론하는 변호인들도 돌려 말하는 데 익숙하다. 더욱 세련된 표현을 위해서이기도 하고, 자칫 재판부에 무례해 보이지 않을까 조심하는 마음에서이기도 하다. 그래서 "집행유예를 해달라", "징역을 몇 년 깎아달라", "벌금형을 해달라" 등등 직접적인 표현을 하기보다는 "최대한 선처해달라", "법이 허용하는 최대한 관대한 처분을 해 달라"처럼 에둘러 표현하고는 한다. 그런데 가끔은 직설적인 변론을 해야 하는 경우가 생긴다. 오늘처럼 좋은 결과를 기대하기가 어려운 사건의 경우에는 어떻게든 재판부의 이목을 집중시키는 모험을 해야 할 필요가 있다. 자칫 무례해 보일 수 있지만, 솔직함에서 오는 절박함은 상대방을 설득하는 무기가 되기도 한다.

J에 대한 나의 최후 변론은 솔직했다. J의 변호인이기보다는 제삼자의 시선으로 재판을 준비하며 J를 보고 느꼈던 점을 그대로 이야기했다. 그가 마약을 끊지 못하리라 생각했던 나의 첫인상과, 마약을 끊기 위해 그와 그의 가족이 몇 달 동안 일관되게 보여줬던 강한 의지를 증언하듯 말했다. 그가 필로폰을 아직 완벽히 다 끊지 못했다고도 했다. 자칫 재범의 위험이 있다는 말로 들릴 수도 있었지만, 그렇기에 J에게 지속적인 치료와 사려 깊은 관찰이 필요하다는 점을 강하게 피력하고 싶었다. 최후 변론은 상당히 길었지만, 다행히 재판부는 끝까지 집중해서 들어주었다.

J의 최후 진술은 간결하고, 간절했다. 필로폰 금단증상이 얼마만큼 고통스러우며, 단약 중에 필로폰에 대한 갈망과 충동이 얼마나 강렬하게 이는지, 그것이 어떤 느낌인지, 그리고 그럴 때마다 그가 어떠한 노력을 하고 있는지, J는 차분하지만 단호한 말로 하나하나 자신의 상황과 그간의 노력을 솔직하게 고백했다. 그는 두렵다고 했다. 구치소에 다시 수감되는 것도 두렵지만, 평생 필로폰을 끊지 못하고 결국 감옥에서 생을 마감하는 자신을 매일 밤 꿈에서 보는 것이 더 두렵다고 했다. 길고 지루한 단약의 과정에서 이제야 부모님과 매일 두 시간씩 걷는 일이 가장 행복하다는 것을 깨달았다고 했다. 그리고 J는 재판부에 등을 돌렸다. 그는 방청석을 몇 초간 말없이 바라보았다. 그러다 방청석에서 무릎을 꿇고 기도하던 그의 부모님에게 마지막 진술을 했다. 그의 짧은 한 문장은 내 긴 변론보다 묵직했고, 재판정의 어수선한 소음을 뚫고 사람들의 귀에 가 닿았다.

"저를 포기하지 않아주셔서 고맙습니다."

2주 후 J는 벌금형을 선고받았다.

Part 3

사람이 사람을 먹이로 삼다:
마약 사회의 먹이사슬

마약에 취약한 연예인

연예인을 잡아라

우리들의 일그러진 언론

텔레그램의 마약왕

마약왕의 성공방정식

이상한 나라의 미국인 농부

마약 시장의 보이지 않는 손

마약에 취약한
연예인

"마약이 판치는 병든 연예계"

"개념 배우에서 연예인 마약왕으로"

최근 뉴스 헤드라인이다. 유명 배우가 마약 투약으로 적발되면서 각종 언론에서는 연일 연예인 마약 뉴스가 끊이지 않는다. '연예인'과 '마약'만큼 폭발적인 반응을 보장하는 키워드가 또 있을까. 그의 수사 과정은 사실상 전 국민에게 생중계됐다. 그가 어떤 마약을 투약했다고 의심받는지, 그가 언제 경찰에 출석해 몇 시간 조사를 받았는지, 그의 지인 몇 명이 추가로 조사를 받았는지, 심지어 그의 모발과 소변에 대한 마약 간이시약 검사와 정밀검사 결과가 어떻게 나왔는지 담당 변호인이 알기도 전에 이미 전 국민이 뉴스를 통해 알게 됐다.

실제로 마약 사범 중에 연예인들이 많을까?

마약 사건을 변호하다 보면 직·간접적으로 유명인의 사건을 접하게 된다. 연예인이나 정치인의 사건을 직접 수임하는 때도 있고, 마약 딜러나 마약 사범 등 맡은 사건의 의뢰인들로부터 마약을 구매하거나 함께 투약한 연예인 이야기를 전해 듣기도 한다. 어떤 연예인을 마약 사범으로 의심하고 경찰이 수사 중이라는 이야기도 듣게 된다.

연예인이 마약을 투약하는 경우가 일반인보다 더 많은지에 대한 공식적인 조사나 통계는 존재하지 않는다. 그런데도 '마약 사건=연예인'이라는 인식이 대중 사이에 퍼진 것은 아마도 뉴스 등을 통해 그들의 사건이 자주 노출됐기 때문일 것이다. 상식적으로 생각했을 때 책임감과 리스크 등을 고려하면 연예인을 포함한 유명인 대부분은 오히려 일반인들보다 범죄율이 낮을 가능성이 크다. 다만 마약 범죄 중 '투약'이라는 한 지점만 놓고 보자면, 연예인들이 보다 취약한 것은 사실에 가깝다.

마약 투약자가 되기 위한 몇 가지 조건이 있다. 일단 수중에 마약을 구매할 돈이 충분하고, 주변에 저렴하게 마약을 제공해줄 유통책이 있어야 한다. 너무 가난하거나 여윳돈이 없으면 마약 투약에 이르기가 현실적으로 쉽지 않다. 다음으로는 시간이 많아야 한다. 당장 내일도 아침 일찍 출근하여 늦게까지 야근해야 하는 사람은 마약을 투약하고 밤새 춤을 주거나 종일 몽롱하게 누워 있을 여유가 없다. 마지막으로 주변에 가까운 사람이 없어야 한다. 매일 가족과 아침을 먹고 낮과 저녁엔 다양한 사람들을 만나야 한다면 혼자 조용히 마약을 투약하기 쉽지 않다. 즉, 돈과 시간이 많고 주변에 가까운 사람은 없어야 투약에 이르기 쉽다. 그리고 연예인이나 유명인은 이러한 조건에 딱 부합한다. 실제로 내가 만난 한 연예인도 활동하지 않을 때는 집에 갇혀 제한된 사람들만 만나며 종일 마약을 투약했다. 결국 주변엔 함께 투약하는 소수의 지인만 남았고, 정상적인 활동이 힘들어져 조용히 연예계를 은퇴했다.

그러나 연예인들이 진짜 취약해지는 시점은, 바로 마약 사범으로 수사를 받게 되면서부터다.

연예인을
잡아라

2009년 가수 구준엽 씨가 공개적으로 기자회견을 열었다. 취지는 마약 수사에서 연예인이라는 이유로 부당한 대우를 받아 수치심과 모멸감을 느꼈고, 인권을 보호받고 싶다는 것이었다. 압수·수색 영장에 근거하기는 했지만, 경찰과 검찰의 불시 단속으로 그는 지하 주차장 등에서 소변과 체모 채취를 강요받았다. 마약 검사는 모두 음성이 나와 그는 혐의를 벗을 수 있었다. 하지만 그 후에도 수사기관은 단순히 제삼자의 제보만으로 재차 영장을 받아와 그를 괴롭혔다. 연예인 자신이 공개적인 자리에서 수사기관의 소위 '연예인 털기'를 공론화한 것은 이때가 처음이었다. 그리고 마지막이었다.

실제로 경찰과 검찰 같은 마약 수사기관은 연예인을 너무나 잡고 싶어 한다. 이들은 철저히 수직적인 조직으로 승진 지향적인 특성이 강하다. 경찰에서 누가 총경으로 승진했는지, 검찰에서 누가 부장이나 차장검사가 되었는지 뉴스에 소개될 정도로 외부의 관심도 크다. 수사기관에서의 승진에 가장 결정적인 요소 중 하나가 수사실적인데, 여기에서 '실적'은 담당한 수사 건수보다는 어떤 사건을 처리했는지가 중요하다. 오래된 미제사건을 해결했거나 정치인 사건 또는 연예인 마약 사건처럼 전국에 알려질 정도의 굵직한 사건을 처리했다면 승진에 유리한 것은 당연하다. 실제 경찰의 말을 빌리자면 "잔챙이 마약 사범 백 명을 잡는 것보다 연예인 한 명 잡는 것이 낫다"라고 이야기할 정도다. 그런데 마약 수사관으로 일하면서 연예인을 직접 검거하거나 수사할 기회는 그리 많지 않다. 로또 당첨마냥 쉽게 오지 않는 기회다.

마포에 있는 서울마약수사대는 평소 한적한 곳이지만, 연예인을 조사하는 날이면 수백 명의 기자로 장사진을 이

룬다. 앞서 언급한 유명 배우는 경찰서 앞에 구름 떼처럼 몰린 기자들 때문에 두 번이나 차를 돌려 수사기일에 불출석하는 일까지 있었다.

담당하고 있는 사건이 뉴스에 나오길 바라고 세간의 이목이 집중되길 바라는 수사기관의 마음도 이해가 가지 않는 것은 아니다. 하지만 엄연히 우리 형사법의 대원칙인 무죄추정의 원칙*과 이에 근거한 피의사실 공표죄**가 존재하는 대한민국에서, 유독 연예인 마약 사건 수사에 대해서만 일거수일투족을 실시간으로 언론을 통해 공개하는 현실은 법조인으로서 눈살이 찌푸려질 수밖에 없는 행태다.

수사 절차에서 위법이나 인권침해가 발생하면 원칙적으로 피의자 본인이나 변호인을 통해 공식적인 이의를 제기할 수 있는 제도가 마련되어 있기는 하다. 하지만 실무상 수사기관의 '심기'를 건드려서 좋을 게 없는 피의자나 그의 변호인은 인권침해 사실에 일일이 이의를 제기할 수 없는

---

* '무죄추정의 원칙'은 언제나 불리한 처지에 놓여 인권이 유린되기 쉬운 피의자, 피고인의 지위를 옹호하여 형사절차에서 그들의 불이익을 필요한 최소한에 그치게 하자는 것으로, 인간의 존엄성 존중을 궁극의 목표로 하고 있는 헌법이념에서 나온 것이다.
** 형법 제126조(피의사실공표). 검찰, 경찰 그 밖에 범죄수사에 관한 직무를 수행하는 자 또는 이를 감독하거나 보조하는 자가 그 직무를 수행하면서 알게 된 피의사실을 공소제기 전에 공표한 경우에는 3년 이하의 징역 또는 5년 이하의 자격정지에 처한다.

것이 현실이다. 수사기관이 형사소송법상의 절차와 인권 수사 지침을 스스로 매우 엄격하게 지켜야 하는 이유다.

실제로 위 배우는 서울경찰청 마약수사대의 이러한 수사 정보 공표 사실에 이의를 제기했다. 그러나 이러한 사실 역시 '해당 연예인이 반성의 기미를 보이지 않고 수사에 비협조적인 태도를 보인다'는 비판적인 기사로 송출되면서 여론만 더 안 좋아지게 됐고, 결국 검찰은 구속영장을 청구했다. 이처럼 수사기관, 언론, 그리고 여론까지 함께 상대해야 하는 연예인은 수사 절차에서 일반인보다 취약한 위치에 놓여 있다.

연예인이 공인인지 여부에 논란은 있지만, 대중을 통해 돈을 버는 유명인들이 범죄에 대해 보다 높은 책임감을 느껴야 한다는 건 틀린 말은 아니다. 다만 법 앞에는 만인이 평등해야 하고, 적법한 수사 절차와 인권 수사라는 원칙은 어떤 경우에도 지켜져야 한다. 공인이라는 잣대로 언론의 포화를 받는 건 어쩔 수 없지만, 연예인이라는 이유로 수사의 표적이 된다거나 피의 사실이 쉽게 공표되는 일은 없어야 한다.

대한민국이 범죄의 구성요건과 처벌을 적은 형법 외에

별도로 절차법인 형사소송법을 둔 이유는, 진정한 정의는 결과뿐만 아니라 절차적 정의를 통해서만 실현될 수 있기 때문이다.

우리들의 일그러진
언론

"집단 마약 환각 파티 男 60명 전원 에이즈"

"60명 에이즈 남성 마약 파티… 사회복무요원도 있어 충격"

"환각파티 60명 검거, 모두 에이즈 감염"

2023년 4월 21일자 여러 언론사의 뉴스 헤드라인들이다. 부산에서 발생한 이 마약 사건은 연예인의 경우를 제외하면 가장 크게 보도된 건이었다. 기사의 제목만 보면 마치에이즈에 걸린 남성 60명이 다 같이 마약을 투약한 채 환각파티를 벌였고, 경찰이 이들을 모두 소탕한 것처럼 보인다.

그러나 이는 사실이 아니다.

수사기관은 최초 검거자 1명을 중심으로 수사 대상을 60명까지 확대해나갔다. 한 명을 검거하면 그의 자백과 진술로 다른 마약 사범을 추가로 검거했고, 그렇게 새롭게 잡힌 범인의 자백을 토대로 또 새로운 마약 사범을 차례로 잡아들였다. 당연히 피의자마다 마약 범죄의 행태와 시기와 경중이 달랐다. 하지만 기사에는 자극적 인상을 주는 헤드라인만 존재할 뿐, 이런 점들이 자세히 설명되어 있지 않다. 경찰이 배포한 보도자료, 그리고 그 보도자료를 근거로 작성된 기사에서는 그저 '60명 검거'라는 성적표가 중요했다. 그리고 이렇게 많은 것들이 생략되고 왜곡된 기사를 접하게 된 피의자의 가족들과 지인들은 적잖은 충격을 받았고, 그들 사이에 많은 오해가 생긴 건 당연했다.

기사 속에 등장하는 60여 명의 마약 사범 중에는 내 의뢰인인 K도 있었다. 그는 서울에 직장을 둔 회사원이었는데, 흥미로운 것은 해당 사건이 일어나기 전까지 태어나서 부산에 한 번도 가본 적이 없다는 점이었다. 서울에 살고 서울에서 일하던 그는 서울까지 그를 잡으러 올라온 '부산' 경찰에 의해 체포됐다. '사건의 관할 및 관할 사건 수사에 관한 규칙'에 따르면, 경찰은 사건의 관할이 인정되는 경우에만 해당 경찰청에서 사건을 수사할 수 있다. K뿐만 아니라 검거된 60여 명 중 상당수가 부산에 아무런 연고가 없는 사람들이었으니, 이는 매우 이례적인 경우였다.

해당 사건의 언론 보도 중에서 가장 문제가 되는 것은 바로, 특정 질병에 대한 민감한 키워드를 헤드라인에 사용했다는 것이다.

K는 HIV 감염인이었다. 한국에서 HIV 감염인은 사람 간 바이러스를 전파할 수 있기 때문에 국가 차원에서 '후천성면역결핍증 예방법'을 제정하여 특별히 관리하고 있다. 또한 같은 법 제7조에서는 본인의 동의가 있는 경우를 제외하고는 감염인에 대하여 업무상 알게 된 비밀을 누설하여서는 아니 된다고 규정하고 있다. 감염인이라는 사실이 알려지면 차별과 불이익을 받을 수 있기 때문에 이를 방지하고자 하는 목적이다.

실제로 60여 명 중에서 HIV 감염인이 일부 있었던 것은 사실이었다. 그러나 수사기관은 업무 중 피의자의 개인적인 질병에 대해 알게 됐다고 하더라도 함부로 이를 발설해서는 안 된다. 특히 HIV와 같은 질병은 법에서 이를 엄격하게 금지하고 있다. 그런데도 수사기관의 누군가가 피의자 개인의 민감한 정보인 특정 질병을 언론에 흘렸다. 그러자 언론은 '에이즈 환자', '60명', '마약 파티'라는 화제성이 보장되는 단어를 무분별하게 적어 기사를 내보냈다.

K는 초범이었고 단순 투약범에 불과해 구속된 지 얼마 지나지 않아 집행유예를 선고받았다. 앞으로 집행유예 기간 중 문제를 일으키지만 않는다면 유죄 선고는 머지않아 법에 따라 효력을 잃는다. 다만, 사회적 낙인은 그렇지 않다. K가 구속된 후 해당 뉴스를 통해 그의 HIV 감염 사실을 알게 된 가족과 직장 동료들은 이전과 똑같이 그를 대하지 않았다. 결국 K는 구치소에서 나온 뒤에도 사회에 정상적으로 복귀하지 못한 채 언제 다시 마약에 손을 댈지 모르는 위태한 경계에 살고 있다.

◎　　◎　　◎

마약 사건을 언론에서 자극적으로 보도하는 것에도 순기능은 있을 수 있다. 많은 사람에게 마약 범죄에 대한 경각심을 줄 수 있고, 마약이 만연한 사회 현실을 알려 마약 근절 노력에 일조할 수 있다. 다만 지나치게 자극적인 마약 기사들은 그 역기능 또한 상당하다. 모방범죄나 수사 회피와 같은 문제는 둘째로 하더라도, 자극적인 언론 기사와 이로 인한 사회적 낙인은 재범률이 유독 높은 마약 범죄에서 가장 중요한 '일상생활로의 복귀'와 '재발 방지'에 지장을 줄 수 있기 때문이다. 아직껏 마약 사건을 다루는 언론의 태도는 대부분 자극적인 보도에만 초점을 맞추는 경우가 많다. 그 대상이 연예인이나 유명인이라면 더욱 그렇다.

의뢰인 L은 유명인이었다. 그녀는 연예인은 아니었지만, 소셜미디어와 1인 방송을 통해 연예인 못지않게 알려진 인플루언서였다. 그녀가 필로폰을 투약한다는 소식을 듣고 경찰은 그녀를 잡기 위해 오랜 시간 공을 들였다. 증거가 확실해질 때까지 수개월 동안 L을 주시한 다음, 마침내 그녀를 체포했다.

그녀가 체포된 후 나는 변호인으로서 아주 흥미로운 경험을 했다. 그녀에 대한 수사 과정은 변호인은 물론 당사자인 L보다 '언론'에 먼저 알려졌다. 그녀의 소변과 모발의 국과수 감정 결과가 어땠는지, 보통은 수사 중이라는 이유로 당사자와 변호인에게도 알려주지 않는 정보를 나는 인터넷 뉴스를 통해 실시간으로 볼 수 있었다.

심지어 이름도 처음 들어보는 어느 인터넷 신문사는 그녀가 '남자들과 매일 같이 마약 파티를 했다, 여러 남자 연예인에게 마약을 제공했다'라고 적었다. 사실이 아니었지만, 하나하나 반박할 수 없었다. 수사에 집중하느라 그럴 여력이 없기도 했지만, 언론이라는 것이 본래 대응할수록 확대·재생산되는 특성이 강하기 때문이다.

결국 L은 집행유예 선고를 받은 후에도 일상생활에 복귀하는 데 실패했다. 그녀에게 제기된 여러 건의 마약 범죄 혐의 중 일부는 무죄를 선고받았다. 하지만 언론사 가운데 단 한 곳도 이를 보도해주지 않았다. 이미 매일 밤 남자들과 마약 파티를 벌인 사람이 되어버린 L이 자신이 속한 커뮤니티에서 재기한다는 것은 상상도 못 할 일이었다. L은 금단을 이겨내지 못하고 다시 마약을 투약했고, 결국 구속되었다. 다시 구속될 때쯤 그녀의 주변에는 더 이상 단약을 도와줄 사람이 남아 있지 않았다.

최근 한 공중파 방송의 메인뉴스에서 마약 특집 보도를 편성했다. 앞으로 매주 같은 요일에 마약에 대한 집중 취재와 보도를 하겠다는 것이었다. 앞서 여러 경험이 있었기에 큰 기대를 하지는 않았다. 다만 우리 사회가 진정으로 마약을 근절시키기 위해서는 어떠한 노력을 기울여야 하는지에 대한 취재가 있었으면 좋겠다는 작은 바람만 있었다. 아니나 다를까, 첫 방송에서부터 미국 길거리 마약 투약자들이 좀비처럼 걷는 자극적인 모습과 한국 사회에도 마약이 만연해 있다는 인터뷰를 반복적으로 보여줬다. 뉴스는 마약에 대한 공포심과 혐오감에 초점이 맞춰져 있었다. 기자는 우리 사회에서 실제 마약을 근절하기 위해 노력하는 현실의 사람들과 단약을 위해 분투하는 사람들을 찾아가는 대신, 미국에 있는 유명한 마약 노숙자 거리를 찾아갔다.

보도에 따르면, 최근 10년간 대한민국에서 마약 범죄가 매우 많이 늘었다고 한다. 그런데 과연 그 10년 동안 마약 사건을 다루는 언론의 태도는 얼마나 달라지고, 얼마나 발전했을까. 우리 사회가 마약 범죄를 다루는 태도를 바꾸지 않고, 언론에서 마약을 보도하는 방향성을 바꾸지 않은 채 10년 후 우리는 과연 마약 범죄가 근절된 대한민국에서 살 수 있을까. 지금까지 마약 사건과 마약 범죄자를 대해왔던 언론의 태도를 주의 깊게 돌아보고, 마약 범죄 감소를 위한 언론의 역할을 진지하게 고민해봐야 하지 않을까.

텔레그램의
마약왕

　　미국 유학 시절, 당시 한국에는 없던 '넷플릭스'를 처음 접하고 우연히 한 드라마를 보게 됐다. '파블로 에스코바르'라는 콜롬비아 마약왕의 일대기를 그린 〈나르코스〉였다. 드라마 속 그의 테러와 악행보다 충격적이었던 건 그가 스물다섯 어린 나이에 이미 세계 제일의 마약왕 자리에 올랐다는 것이었고, 더 놀라웠던 건 그가 서른도 되기 전에 전세계 다섯 손가락 안에 들 정도로 큰돈을 벌었다는 것이었다. 마약왕의 정확한 재산을 추정하는 것은 불가능하지만, 그의 생전 자산이 당시 마이크로소프트의 시가총액을 넘어

섰다는 이야기도 있다. 도대체 콜롬비아는 어떤 나라이기에 에스코바르 같은 사람이 나올 수 있었을까? 드라마 마지막 편이 끝나자마자 나는 콜롬비아로 가는 항공권을 샀다.

축구와 커피로 유명한 듯하지만, 실상은 코카인으로 더 유명한 국가 콜롬비아. 일 년 내내 쌀쌀한 가을 날씨인 수도 보고타에서 비행기를 갈아타고 메데인* 공항에 내렸다. 비행기 문이 열리고 사람들이 채 다 내리기도 전에 습하고 더운 공기가 기내에 가득 찼다. 자리에서 일어나려는데 복도 쪽에 앉아 있던 콜롬비아인 승객이 머리 위 캐비닛을 열더니 내 여행용 가방을 내려줬다. 고맙다는 말을 꺼내기도 전에 그는 환하게 웃으며 먼저 괜찮다고 말했다. 끈적한 공기만큼이나 메데인 사람들의 목소리는 컸고 억양은 정열적이었다. 콜롬비아에 가기 전부터 메데인의 치안과 범죄에 관해 많은 주의와 당부를 받은 탓에 내 몸은 모든 외부 반응에 무척 조심스럽고 예민하게 반응했지만, 메데인에서 만난 사람들은 나의 그 조심스러움조차 눈치채지 못할 정

※ Medellín. 콜롬비아 제2의 도시로 '메데인'이 공식 표기이고 현지인들은 메데인과 메데진을 혼용해서 발음한다. 재밌는 것은 메데진이라는 발음이 보다 남성적인 느낌을 풍기기 때문에 파블로 에스코바르는 메데진의 '진' 발음을 세게 했다고 한다.

도로 그저 호탕하고 유쾌했다.

　마약은 '약☀'이라는 이름을 달고 있지만 의학이나 과학보다는 사회문화적 맥락에 놓인 단어다. 특정 국가나 문화권에서는 금기시되는 것이 다른 곳에서는 허용되기도 한다. 코카인과 대마초는 콜롬비아에서 범죄로 인식되지 않았다.

　사실 콜롬비아에서 대마초는 부분적으로 합법화되었지만 코카인은 여전히 불법이다. 그러나 두 가지 다 일상에서 큰 제재나 지장 없이 널리 사용되고 있었다. 관광지 찻집에서는 코카잎으로 만든 차를 아주 그럴싸하게 포장해 기념품으로 팔고, 동네 꽃집에서는 성인 무릎 정도로 키가 자란 어린 대마 화분을 가게 앞에 일렬로 줄 세워 팔고 있었다. 콜롬비아 사람들은 코카잎을 우려낸 차를 커피 대용으로 마셨다. 길거리를 걷던 사람들이 찻집에 들러 조용히 코카잎 차를 마시고는 아무 일도 없다는 듯 다시 가던 길을 가는 모습은 지구 반대편에서 온 나에게 혼란 그 자체였다. 적도의 습한 공기가 옷과 옷 사이를 지나며 축축한 물기를 만들고, 수직으로 높은 뜬 태양이 정수리를 뜨겁게 달구는 중에 나는 인지부조화에 빠졌다. 길 가는 사람들에게 코카인이 마약이냐고 물으면 망설임 없이 "Yes"라고 대답했지만, 늘 마지막에 "But, no problem"이라는 말을 덧붙였다.

사실 코카인은 여러 약품과 식품에 널리 쓰였다. 코카인의 유해성이 알려지기 전의 이야기다. 우리가 자주 마시는 '코카콜라'도 본디 코카나무 잎과 콜라나무 잎을 섞어 만든 음료였다. 후에 코카인의 부작용과 폐해가 커져 마약으로 금지되자 콜라에 들어가는 코카인은 다량의 카페인으로 대체되었는데, 이는 코카인과 카페인이 공통적으로 가진 각성효과 때문이었다. 현재는 미국을 비롯한 주요 국가들이 남미로부터의 코카인 밀반입을 엄격하게 단속하기 때문에 천연 코카잎은 주로 생산지 근처에서만 차의 원료 등으로 소비된다. 코카잎은 남미에서 녹차잎만큼이나 싼값에 유통되지만, 고도로 정제된 순백의 코카인 가루는 미국과 유럽 등지에서 몇백 배 비싼 가격에 유통된다.

콜롬비아 메데인에는 '파블로 에스코바르 투어' 프로그램을 운영하는 여행사들이 많았다. 에스코바르가 태어나 자란 생가, 그가 가족들과 숨어 지내며 묵었던 별장, 그리고 에스코바르가 스스로 지은 궁궐 같은 감옥, 아프리카의 야생동물들을 들여다 만들었다는 개인 동물원까지 그의 흔적은 여전히 메데인 곳곳에 남아 있었다. 추울 때 땔감이 없어 지폐를 태워 몸을 데웠다는 이야기, 그가 죽인 정치인들의 이름과 그의 테러로 희생된 사람들의 숫자가 함께 적힌 묘비 등 전설적인 마약왕의 이야기는 전 세계 여행자들의 흥미를 끌기 충분했다. 메데인의 여행사들은 에스코바르의 잔혹한 범행과 그의 비극적인 말로까지 알뜰하게 여행상품으로 기획했다.

사람들은 영웅의 서사를 좋아하는 것 같지만 어쩌면 악당의 이야기에 더 열광하는지도 모른다. 어느 문화에나 희대의 악당에 관한 흥미로운 이야기가 있다. 그 악당이 가진 부와 권력, 잔인함, 그리고 악당을 탄생시킨 성장배경과 주변 인물들에 관한 이야기는 우리를 자극한다. 돈에 대한 탐닉과 권력에 대한 집착, 무자비한 폭력성에 사람들이 매료되는 건, 사회적으로 금기시되는 이러한 행위가 아마도 우리 인간의 유전자에 각인되어 있기 때문일지도 모른다.

조화와 질서에 순응하는 본능을 지닌 한편으로 인간은 누군가와 싸우거나, 남의 것을 빼앗거나 훔치기도 하며 오랜 폭력의 역사를 써왔다. 살아남은 우리는 필연적으로 탐욕과 폭력의 유전자를 물려받았다. 자연스럽게 인간 사회는 인류 최초의 성문법전이 나오기 훨씬 이전부터 절도, 살인, 강간 등의 범죄행위를 규율해왔다. 그 과정에서 많은 범죄자를 사회로부터 격리하고 배제해왔지만, 우리는 여전히 범죄와 공존한다. 인간이 존재하는 한 범죄는 절대 사라지지 않는다.

변호사는 필연적으로 인간의 악한 본성과 공생한다. 범죄자를 변호하는 일이 직업으로 기록된 건 고대 로마 때부터지만, 그보다 전부터 누군가는 범죄를 저지른 사람을 변호하는 일을 해왔을 것이다. 현대에 와서 변호사가 맡는 업무는 여러 가지로 늘어났지만, 법정에서 피고인을 변호하는 일은 여전히 가장 중요한 부분을 차지한다. 물론 형사법정에서 억울한 피고인을 위해 무죄를 주장하는 일도 있다. 하지만 의사가 착한 사람만 골라서 치료하지 않듯 변호사들도 선한 피고인만 변호하지는 않는다. 때로는 악한 본성과 옳지 않은 행동도 변호해야 하는 것이 변호사라는 직업이다. 그것이 인간이고, 그것이 변호사다.

에스코바르 투어의 마지막 코스는 그가 생을 마감한 지붕 위에 오르는 것이었다. 이십 대에 마약왕이 되어 세상을 호령하던 에스코바르는 콜롬비아 메데인의 흔하디흔한 낡은 단층집 건물 옥상에서 경찰의 총을 맞고 숨을 거뒀다. 한적하고 평화로운 달동네 빈민가. 표식이 없다면 아무도 눈길을 주지 않았을 작은 단층집 옥상 지붕엔 스페인식 붉은 기와가 대충, 그러나 빼곡하게 얹혀 있었다. 여행사는 투어 마지막에 그의 마지막 모습이 담긴 사진을 1달러에 판매했다. 사진 속 마약왕은 피투성이가 된 채로 불룩하게 나온 배를 반쯤 까고 지붕에 널브러져 있고, 그를 둘러싼 군인들은 마치 방금 사냥을 성공적으로 끝낸 사파리의 사냥꾼처럼 장총을 어깨에 메고 시신 뒤에서 이가 다 보이도록 환하게 웃고 있다. 악당의 결말은 영화나 드라마에서처럼 극적이지 않았다. 거짓말같이 화려하고 잔인했던 악당의 인생은 초라한 지붕 위에서 허무하게 마무리됐다.

투어를 마무리하고 숙소로 들어오는 길, 메데인의 노을은 아주 붉게 빛났다. 내 머릿속에는 질문이 떠올랐다.

'과연 그는 마약을 팔아서 얼마나 행복해졌을까?'

5년 뒤 나는 한국에서 '텔레그램의 마약왕'이라 불리는 스물다섯 살 의뢰인을 만났다.

그를 처음 만난 건 눈이 아주 많이 오는 날이었다. 하루에도 몇 명씩 새로운 의뢰인들과 상담을 하는 터라 특정한 날에 누구를 만났는지는 잘 기억하지 못한다. 하지만 그날의 기억은 또렷하다. 뉴스에서 폭설을 예고한 날이었다. 평소 뒷바퀴로 구동하는 차를 모는 탓에 겨울철이면 일기예보에 민감한데, 이날은 밝은 낮에도 눈이 꽤 많이 쌓일 정도로 아침부터 눈이 쉬지 않고 내렸다.

출근하자마자 모르는 번호로 전화가 걸려왔다. 070으로 시작하는 인터넷 전화번호였다. 요즘 사람들은 잘 받지 않지만, 외국에 있거나 사연이 있는 의뢰인들로부터 종종 전화가 오기 때문에 나는 모르는 번호라도 일단 받고 본다. 다급한 목소리였다. 밤늦게라도 좋으니 오늘 꼭 봐야 한단다. 퇴근 때까지 쌓일 눈 걱정에 일단 하루만 상담을 미뤄보려 했지만 그는 완강했다. 아무래도 오늘은 퇴근을 포기하고 사무실 근처에서 자야겠다 생각하며 문자로 사무실 주소를 찍어 보냈다.

짧은 전화 통화에서도 그는 꽤 많은 이야기를 했다. 텔레그램에서 아주 유명하다며 스스로를 '큰손'이라고 했다. 자신의 텔레그램 닉네임을 두어 번 반복해 또렷이 읊는데, 분명 들어보았을 것이라는 말투였다. 자세한 이야기는 만나서 하겠다면서도 그는 자신이 마약을 얼마나 많이 팔았는지, 텔레그램에서 얼마큼 유명한지 쉬지 않고 이야기했다. 그러고는 쫓기듯이 다급하게 전화를 끊었다.

눈 쌓인 밤, 비로소 얼굴을 마주한 그의 첫인상은 전화로 들은 이미지와는 한참이나 거리가 있었다. 작은 키에 마른 체형, 손목에는 두꺼운 금팔찌가 무거운 자국을 남기며 매달려 있었고, 한 번에 깔끔하게 한 것이 아니라 차례로 불규칙하게 덧댄 문신이 팔목에서 목덜미 뒤까지 가득했다. 그의 인생이 평탄하게 흐르지는 않았겠다고 짐작했다. 가장 인상 깊은 건 그의 앳된 얼굴이었다. 군대도 다녀오지 않은 스물다섯 살 남자는 고등학생처럼 양 볼에 솜털이 빼곡했다.

조금 초조해 보이기도 했지만 그는 밝고 유쾌했다. 어린 나이임에도 자신이 대한민국에서 마약을 제일 많이 팔았다고 했다. 아직 정식으로 수배가 떨어지지는 않았지만 여러 경찰서와 마약수사대에서 그를 쫓고 있다고 했다. 그는 자기 스토리의 결말을 이미 정하고 있었다. 언제까지 도망 다닐 수만은 없다는 것도 알고 있었고, 체포되어 재판을 받으면 높은 형량이 떨어질 거라는 사실도 너무나 잘 알고 있었다. 무모하게 해외로 도주하거나 평생을 숨어다니는 대신, 그는 조만간 경찰에 자수할 계획을 매우 구체적으로 이야기했다. 지금은 모텔을 전전하며 지내고 있는데, 때때로 경찰들과 전화 통화도 하고, 유명한 시사 프로그램 제작진과 인터뷰를 해서 방송에도 나온 적이 있다고 했다.

그는 말이 빠른 편이었지만 불안한 기색은 느껴지지 않았고, 오히려 힘 있는 목소리로 단어 하나하나를 정확하게 사용했다. 상담 과정에서 사용된 법률용어를 어려움 없이 알아들었을 뿐만 아니라 맥락을 예리하게 짚어낼 정도로 명석했다. 그에게 마약을 산 고객 중에는 연예인도 상당수 있었고 유명 병원의 의사 같은 전문직들도 많았다. 그런데 그는 언제, 어디서, 누구에게, 어떤 마약을, 얼마나 팔았는지 따로 장부를 적지 않고도 모두 기억했다. 수사기관이 그를 잡고 싶어 하는 건 그의 마약 판매 범죄 때문이었지만, 사실 그에게 마약을 구매한 여러 투약자들의 명단을 얻고 싶은 이유도 컸다.

당시 마약 거래는 오프라인에서 온라인으로 급속하

게 옮겨가는 추세였다. 수사로부터 안전하다는 소문이 퍼지면서 텔레그램은 기존의 마약 거래를 블랙홀처럼 빨아들였다. 마약 판매 채널과 단톡방이 우후죽순 생겨났고, 비트코인 대행사를 통해 거래가 이뤄지며 인터넷으로 마약을 구매하는 데 10분도 채 걸리지 않는 시스템이 구축됐다. 그 탓에 온라인 생태계에 익숙한 젊은 층의 마약 거래가 폭발적으로 증가했다. 반대로 기존의 수사방식과 지식으로는 새로운 형태의 마약 거래를 단속하는 것이 어려워졌다. 아이러니하게도 경찰은 실적을 쌓으려면 마약왕의 도움이 필요했다. 그의 자백과 협조가 있어야 텔레그램에서 이뤄지는 신종 마약 거래 수법을 파악할 수가 있었다. 그래서 경찰도 계속 그와 통화하며 수사 협조를 얻는 한편 그의 자수를 설득하고 있었다.

오늘 그가 나를 찾아온 건 자신의 문제가 아닌 가족을 포함한 주변 사람의 문제 때문이었다. 범죄를 도와주거나 범죄로 인한 수익을 공유하는 경우가 아니라면 범죄자의 가족이라고 죄가 되지는 않는다. 다만 가족이라는 공동체로 함께 살다 보면 의도했건 의도하지 않았건 범죄에 가담하거나 연루되기 쉽다. 그중에는 억울한 사연도 생긴다.

텔레그램의 마약왕은 마약을 팔고 돈을 받을 때 가족과 주변 친구들의 계좌를 마구잡이로 사용했다. 당시는 텔레그램에서 마약이 유통되기 시작한지 얼마 되지 않았을 때였다. 마약왕이라고는 하지만 경력이 일 년도 채 되지 않았던 그는 약을 열심히 팔 줄만 알았지 증거를 숨기거나 자금을 세탁하는 법까지는 몰랐다. 그의 주변인 중에는 그의 간곡한 부탁을 받고 자신의 통장과 OTP를 빌려준 사람들도 있었다. 일단 계좌가 범죄에 연루되면 그 의도와 상관없이 거래정지를 당하고, 계좌의 명의자는 경찰의 수사망에 오른다. 수사기관으로부터 공범으로 의심받아 구속영장이 떨어지기도 하고, 범죄수익 은닉을 이유로 재산이 압류당하기도 한다. 그가 수사망을 피해 도망 다니자 수사기관에서는 그의 가족을 마약 판매 공범으로 간주해 계좌를 압류하고, 주거지를 압수수색하고, 구속영장까지 청구하는 등 전방위적으로 강하게 압박했다. 그가 자수하지 않는 한 쉽게 해결되지 않을 일이었다. 결국 마약왕은 자수를 약속하는 조건으로 간신히 가족의 구속을 막았다.

그리고 그는 자수하기 전에 경찰에 체포됐다.

마약왕의
성공방정식

모든 세일즈는 늘 경쟁이 치열하다. 남보다 많은 돈을 벌고자 하는 인간의 욕망은 거의 본능적이기 때문이다.

텔레그램 안에는 '딜러'라 불리는 수많은 마약 판매상들이 있다. 그들은 '유저'라고 불리는 구매자들에게 마약을 팔기 위해 치열하게 경쟁한다. 정부의 허가도, 인가도, 신고도 필요 없는 마약판매업은 진입장벽이 없는 무한 경쟁 시장이다.

언뜻 생각하면 그 안에서는 무한 경쟁으로 인해 상품의 가격이 내려가야 할 것 같다. 하지만 텔레그램 안에선 바깥세상에서 일어나는 모든 경제 행태가 그대로 재현된다. 한 딜러가 텔레그램 마약 시장을 독점하기도 하고, 몇몇 딜러들이 뭉쳐 카르텔을 만들기도 한다. 공간과 시간의 제약 없이 24시간 굴러가는 탓에 텔레그램 마약 시장은 아주 빠른 속도로 그 체제를 구축한다. 그러나 그 체제는 절대 견고하지 않다. 경찰이 딜러를 검거할 때마다 아주 빠른 주기로 붕괴한다. 다만 마약왕이 사라진 자리는 아주 짧은 무주공산을 거쳐 금세 새로운 마약왕으로 세대교체가 이뤄진다.

텔레그램 딜러들은 저마다 자신을 상징하는 그림이나 닉네임을 사용하는데, 내가 만난 마약왕은 자신의 마스코트로 호랑이를 사용했다. 그는 아주 운이 좋았다. 마침 그가 텔레그램에서 마약을 팔기 시작하던 무렵 제일 잘 나가던 마약 딜러 채팅방이 경찰의 수사망에 올랐고, 경찰은 그 딜러들을 일망타진했다. 졸지에 주인이 없어진 산에서 호랑이는 큰 노력 없이 왕좌를 차지할 수 있었다.

텔레그램 마약 시장에서 권력을 잡은 뒤 그는 권력을 원하는 대로 휘둘렀다. 우선 텔레그램 속 여러 딜러를 한데 묶어 카르텔을 형성했다. 그 카르텔 내에서 마약을 팔려면 일단 그의 손을 거쳐야 했다. 외국에서 물건을 밀수하는 소위 '상선'과의 거래를 독점하다시피 했고, 경쟁상대가 되는 다른 딜러들은 개인 신상정보를 폭로하거나 마약 사기꾼으로 몰아서 시장에서 배척시켰다.

　그는 머리도 좋았지만, 무엇보다 성실했다. 정말 '열심히' 마약을 팔았다. 당시에는 생소하던 비트코인 구매 대행사를 이용해서 경찰의 수사망을 빠져나가는 방법도 고안했다. 많은 유저가 그가 파는 약이라면 안전하다고 믿고 구매했다. 떠도는 소문에는 이십 대 초반인 그가 몇십 억을 벌었다는 이야기까지 있었다. 그의 명성이 커질수록 유저들은 더 그를 찾았고, 더 많은 딜러들이 그와 함께 일하고 싶어했다. 짧은 시간에 그는 텔레그램 마약방에서 거물이 되어 있었다.

　그는 어쩌다 마약왕이 되었을까. 그가 구속된 후 변론을 준비하며 나는 비로소 그가 살아온 환경에 관해 들을 수 있었다. 그의 유년 시절은 지극히 평범했다. 풍족하지는 않았지만 그렇다고 찢어지게 가난하거나 궁핍하지는 않았다. 항상 화목했다고는 할 수 없지만, 가족들 사이에 심한 불화가 있었던 것도 아니었다. 다만 남들보다 기운이 넘치는 탓에 어려서부터 말썽을 유독 많이 부렸다. 학창 시절에는 친구들의 돈을 빼앗는다거나, 빈 자동차에서 동전을 털기도 했고, 사람들과 자주 싸워서 소년원에도 몇 번 갔다 왔다. 그가 고등학교를 졸업할 때는 이미 작은 전과들이 여럿 쌓였다.

성인이 된 후 그는 한동안 열심히 살았다. 여름에는 에어컨 실외기를, 겨울에는 보일러를 설치했고, 낮에는 핸드폰을 팔고 밤에는 술집에서 웨이터로 일했다. 그는 기본적으로 성실했다. 이십 대 초반의 어린 나이에 결혼해서 자식도 가졌고, 가장으로서의 책임감도 있었다. 무엇보다도 그에게는 더 빨리, 더 많은 돈을 벌고 싶은 야망이 있었다. 하지만 아무리 열심히 일해도 그가 생각하는 부와 성공은 도저히 손에 닿을 수 없을 것 같았다. 좀 더 돈이 많이 되는 일을 찾고자 여러 번 하는 일을 바꿔도 보았다. 보험 영업을 해보기도 하고, 다단계에서 사람들을 모아보기도 했지만 뭐 하나 크게 재미를 보지는 못했다. 그러던 중 아주 재밌는 일이 그의 눈에 들어왔다. 어느 날 친한 친구가 인터넷에서 마약 사기를 치면서 돈을 번다는 이야기를 들은 것이다.

"텔레그램에서 가짜 마약을 만들어 팔면 쉽게 돈을 벌 수 있어."

솔깃했다. 그는 마약을 투약해본 적이 없었기에 당연히 마약을 구하는 방법도, 마약이 어떻게 생겼는지도 정확히 알지 못했다. 그저 친구가 하는 대로 약국에서 명반*을 구해다 사진을 찍고 그럴싸한 문구를 적어 텔레그램에 올렸다.

순식간에 여기저기서 구매하겠다는 메시지가 빗발쳤다. 그는 5천 원에 구매한 명반 100그램을 필로폰이라고 속이고는 1그램당 50만 원에 팔았다. 단순히 계산해도 1만 배가 남는 장사였다. 구매자들은 의심이 많았지만 그래봐야 그들이 확인할 수 있는 거라곤 사진밖에 없었고, 사진만 가지고는 명반과 필로폰을 구분하기가 쉽지 않았다. 그렇게 그는 하루 동안 가짜 마약을 팔아서 한 달 치 월급을 벌었다.

그는 가짜 마약을 팔면서 그 일의 장점을 바로 깨달았다. 유저들은 절대 딜러를 먼저 신고하지 않으며, 클레임을 걸지도 환불을 요청하지도 않는다는 것이었다. 엄연한 사기 범행이었지만 가짜 마약을 구매한 사람들은 절대 경찰에 신고하지 않았다. 아니, 할 수 없었다. 그러니 속여 넘기

---

* 황산염으로 이루어진 백색의 복염을 통틀어 이르는 말로, 봉숭아 물을 들일 때 많이 쓴다.

기만 하면 그 돈은 고스란히 이익으로 남았다.

진짜 마약을 판 것이 아니었기 때문에 그는 특별히 죄책감이 들지도, 겁이 나지도 않았다. 어차피 그들은 내가 아니었으면 진짜 마약을 사서 투약했을 것이라 생각하니 마음도 편했다. 하지만 가짜 마약을 파는 건 오래가지 못했다. 사람들은 똑같은 수법에 두 번 속지 않았다. 다른 방법을 찾아야 했다.

그가 마약을 팔면서 깨달은 또 한 가지 사실은, 사람들은 마약을 끊지 못한다는 것이었다. 한 번만 제대로 팔면 무조건 단골이 되는 장사였다. 그리고 무척이나 많이 남는 장사였다. 이제 그는 진짜 마약을 팔아보기로 했다. 그리고 얼마 지나지 않아 정말로 텔레그램의 마약왕이 되었다.

비결은 간단했다. 다른 사람들보다 성실하게 일했다. 돈을 받으면 곧바로 마약을 숨겨놓은 곳의 좌표를 전송해 줬고, 물건은 확실했다. 그가 파는 마약은 믿을 만하다는 소문이 돌자 그는 순식간에 유명해졌다. 돈이 계속 벌리자 그는 그 재미에 잠을 쪼개가며 새벽에도 장사했다.

그리고 경찰의 호랑이 사냥이 시작되었다.

호랑이는 사람보다 빠르다. 사람이 하루에 고작 십 수 킬로미터를 걷는 것에 비해 호랑이의 행동반경은 수백 킬로미터가 넘는다. 또 호랑이는 극히 예민하고 조심성이 많은 동물이다. 절대 사람에게 곁을 주지 않고, 사냥꾼이 들고 다니는 총의 금속 냄새나 화약 냄새를 수십 킬로미터 밖에서도 감지하고 경계를 늦추지 않는다. 그러니 이론상으로 사냥꾼은 절대 호랑이를 잡을 수 없어야 한다. 하지만 호랑이 사냥은 중간에 포기하지만 않으면 의외로 성공률이 높다.

경찰이 마약왕을 잡기 위해 처음으로 시작한 일은 마약왕을 특정하는 것이었다. 마약은 기본적으로 다단계 구조로 유통된다. 하위 단계에게 상위 단계는 상선이다. 유저에게는 마약을 판매한 딜러가 상선이 되고, 소매 딜러에게는 마약을 조달한 도매상이 상선이 된다. 전통적인 오프라인 마약 사범들의 경우 상선을 특정하기가 어렵지 않다. 마약을 구매한 수많은 유저들 가운데 한 명만 잡으면 줄줄이 사탕처럼 상선들이 딸려 나온다. 함께 투약한 적이 있다면 인상착의를 파악하기 쉽고, 상선이 운전했던 자동차의 번호, 함께 묵었던 호텔의 CCTV, 서로 전화를 주고받았다면 통신 조회 등 상선의 신상정보를 특정하기 위한 단서들이 넘쳐난다.

그런데 온라인, 특히 텔레그램에서의 마약 거래는 상선을 특정하는 것이 매우 어렵다. 네이버와 카카오톡 같은 한국 사이트와 앱의 경우 한국 법원이 발부한 압수·수색 영장만 있으면 수사기관은 서버에 저장된 개인의 신상정보와 대화 내용 등 필요한 모든 것을 입수할 수 있다. 그러나 텔레그램은 익명이 보장되고 해외에 서버를 둔 탓에 주고받은 메시지의 내용을 확보하기가 불가능하다. 텔레그램을 이용한 전화 통화는 상대방이 누군지도 파악할 수 없다. 유저들을 검거하더라도 경찰이 확보할 수 있는 건 그들의 진술과 텔레그램상의 대화 내용이 전부다. 당연히 인상착의를 알 수도 없다.

마약 대금도 금융권의 계좌이체를 사용하거나 ATM을 통해 입금하면 금세 추적이 가능하다. 하지만 텔레그램 마약 사건은 주로 비트코인 대행사를 통해 대금 지불이 이뤄졌다. 당연히 돈의 흐름을 따라 최종 판매자를 찾아내는 일이 어려웠다. 결국 검거된 자들 중 누구도 마약왕을 실제로 보았거나 만난 사람이 없었다. 이런 이유로 경찰은 사건 수사를 개시하고서도 한참 동안 마약왕의 정체에 대해서 아무런 단서도 얻지 못하고 있었다.

그런데 단단하다고 생각했던 비트코인의 벽에는 문이 있었다. 비트코인 구매대행을 이용해서 마약을 사는 방법은 이렇다. 마약 구매자가 자기 은행 계좌를 이용해 코인 구매대행 사이트에 돈을 입금하면 구매대행 사이트에서 비트코인을 대신 구매하고 이를 판매자의 비트코인 지갑 주소로 보낸다. 그런데 비트코인은 그 자체에 무한추적이 가능한 시스템을 가지고 있다. 지금도 인터넷 사이트에서 몇 초만 투자하면 전송된 비트코인이 어느 지갑 주소로 이동했는지 실시간으로 확인할 수 있다. 요즘에는 이러한 추적을 피하고자 범죄자들도 다른 방법을 활용한다. 하지만 당시만 하더라도 막연히 비트코인이 경찰의 추적으로부터 안전하다고 생각했기에 거의 모든 마약 딜러들이 이러한 안전장치를 사용하지 않았다.

마약왕은 비트코인이 지갑 계좌에 들어온 것을 확인하면 주택가 단자함 등에 물건을 숨기는 소위 '던지기'로 물건을 보냈다. 그리고 자기 지갑 주소로 전송된 비트코인을 조심성 없이 자기 가족과 친구들 명의의 계좌를 통해 환전했다. 비트코인 추적 방식을 알게 된 경찰은 비트코인의 전송 내역과 주변인들의 계좌거래 내역을 조회하여 아주 쉽게 마약왕을 특정했다.

이제 호랑이가 누구인지 알았으니, 경찰은 호랑이를 잡기만 하면 됐다. 그러나 체포는 쉽지 않았다. 그가 본인 명의의 휴대전화나 카드를 일절 사용하지 않고 매일 다른 모텔을 이동하며 지냈기 때문에 경찰은 그의 위치를 파악하기가 무척 어려웠다. 그런데 마약왕은 어느 날 대범하게도 자신이 먼저 경찰에 전화를 걸었다. 계속 이렇게 살 수는 없고 언젠가 검거될 운명임을 알기 때문에, 가족을 구속하지 않는 조건으로 특정일에 자수를 하겠다고 약속했다. 그러면서 텔레그램 마약방의 시스템과 다른 마약 사범들에 대한 수사 정보를 제공하기도 했다. 그래서 마약왕과 경찰의 사이가 처음부터 나쁘지만은 않았다.

드디어 약속한 날이 되었을 때, 마약왕은 자수를 주저했다. 대범한 척했지만 그는 실제로는 겁이 많았다. 무엇보다도 마약 판매를 이제는 그만두겠다고 다짐했지만 큰돈의 유혹은 쉽게 뿌리칠 수 없었다. '하루만 더 벌자'라는 생각에 자수를 차일피일 미뤘다. 마약을 파는 일은 마약을 끊는 일만큼이나 멈추기 어려웠다.

　도망가는 일은 쫓아다니는 일보다 수월하다. 호랑이는 사람보다 며칠을 앞서 달아나고, 달아나면서도 자신의 흔적을 최대한 지운다. 그는 매일 다른 곳에서 잠을 자고, 매일 아침 다시 짐 가방을 싸고, 길을 걸을 때도 CCTV가 어디 있는지 확인하고, 동선을 숨기기 위해 버스와 지하철을 여러 번 돌아 타고, 수도권과 지방을 오고 가며 생활했다.

　도저히 좁혀질 것 같지 않은 거리를 좁히려면 호랑이보다 더 부지런해야 한다. 그를 쫓는 동안 경찰은 쉬지 않았다. 잠도 교대로 자면서 계속 이동했고, 식사도 이동 중에 차에서 간단히 해결했다. 그의 흔적이 남은 CCTV를 발견하면 지체없이 다음 동선을 따라 이동했다. 그렇게 경찰과 마약왕의 거리는 일주일에서 며칠로, 며칠에서 몇 시간으로 좁혀졌고, 어느덧 둘은 사정거리 안에 함께 있었다. 그렇게 벚꽃이 한창이던 어느 날, 모르는 번호로 전화가 걸려왔다.

　　"변호사님, 저 잡혔습니다. 자수하려고 했었는데, 맘대로
　　되지 않았네요."

결국, 모두 속이는 게임이었다. 그는 자수하겠다고 말했지만 약속을 지키지 않았고, 경찰은 그를 기다려주겠다고 말했지만 결국 그를 검거했다. 그가 검거된 후 텔레그램 마약방은 한동안 조용했지만, 거짓말처럼 며칠 만에 그의 자리를 대체하는 새로운 마약왕이 등장했다.

많은 경우 우리는 멈춰야 할 시기를 알면서도 쉬이 그러지 못한다. 그만두어야지 다짐하고서도 같은 잘못을 반복하기도 한다. 일탈은 어느새 습관이 되고 한 번의 실수는 금세 잘못된 습벽이 된다. 그릇된 행동이 몸에 익으면 죄책감이나 양심도 쉽게 무뎌지고, 그럴수록 범죄는 점점 과감해진다. 마약왕은 경찰에 잡히기 전날까지도 마약을 팔았다. 그렇게 벌어들인 돈도 그가 앞으로 구치소와 교도소에서 채워야 하는 형기를 생각하면 아마 최저시급도 되지 않을 것이다.

텔레그램의 마약왕, 과연 그는 마약을 팔아서 얼마나 행복해졌을까?

이상한 나라의
미국인 농부

　꿈은 대개 시각적이거나 촉각적이지만, 대체로 기억이란 것들은 청각으로 남는다.

　딱딱한 두 물체가 잘게 부딪히며 날카롭게 진동하는 소리. 귀에 그리 가깝지 않은데도 잠결에 듣는 그 소리는 마치 누군가 내 귀에 대고 울음을 쏟아내는 것 같다. 새벽녘에 책상에서 시끄럽게 울리는 휴대전화 진동 소리는 잠에서 깨는 그 찰나의 순간에도 과거 언젠가의 불길한 기억을 소환한다. 의뢰인이 큰 사고를 쳤다거나, 아니면 체포되었거나 둘 중 하나다. 늘 수면 부족에 시달리면서도 휴대전화를 무음으로 해놓지 못하는 이유는 이 긴박한 진동 소리를 놓칠까 하는 강박 때문이다.

실눈을 뜨고 시각을 확인하니 새벽 4시가 넘었다. 눈을 천천히 두어 번 꾹 눌러 감았다 떴다. 몸은 깼는데 정신은 아직 꿈 반 현실 반이다. 눈을 감고 다시 생각해본다. 새벽 4시는 이상하다. 물론 이 시간에 체포되었을 가능성은 있다. 그렇지만 대개 두어 시간쯤 기다려 동이 틀 때쯤 연락이 오는 것이 보통이다. 미심쩍은 마음으로 전화기에 엄지손가락을 가져다 댔다. 화면 상단 알림창에는 부재중 전화를 알리는 반이 꺾인 붉은색 화살표 대신 하늘색 동그라미와 그 속의 흰 종이비행기 그림이 떠 있다. 텔레그램? 형사 사건을 맡다 보면 종종 이름도 번호도 남기지 않으려고 다짜고짜 텔레그램으로 전화를 걸어오는 사람들이 있다. 하지만 새벽 4시는 단 한 번도 없었다. 혹시 시차가 다른 곳일까 해서 아이디를 보니 90년대 유명했던 팝 가수의 풀네임이었다. 적어도 가짜 계정은 아닌 듯했다. 마약 딜러나 한국인의 계정도 아닌 것 같았다.

잠긴 목소리를 감추려고 침대 헤드에 최대한 척추를 바로 세우고 앉았다. 그리고 큰 소리로 이야기할 준비를 하고 통화 버튼을 눌렀다. 잠시 후 어떤 여성의 목소리가 들려왔다. LA에서 살 때 자주 듣던, 캘리포니아식 말투에 라틴 사람의 억양이 살짝 더해진 영어였다. 여자는 중간중간 문법이 틀렸고 쉬운 단어들만을 조합해 말했지만, 목소리는 차분하고 내용은 군더더기 없었다. 전화하기 전 이미 여러 번 머릿속으로 질문을 준비했던 모양이다. 그녀는 시간 순서대로, 먼저 얘기하지 않았으면 내가 당연히 물었을 중요한 사실관계를 알아서 술술 잘 풀어냈다.

⊙   ⊙   ⊙

그녀는 남부 캘리포니아에서도 가장 남쪽에 있는 도시인 샌디에이고에서 멕시코 국경 근처에 자리한 작은 마을에 산다고 했다. 처음 들어보는 스페인어 지명이었지만, 바로 근처에 LA 주민들이 주말이면 자주 찾는 유명한 카지노가 있어서 대충 위치를 짐작할 수 있었다.

그녀가 사는 동네는 가족과 친척들이 아주 오래전부터 쭉 모여 사는 곳이라고 했다. 그녀의 남편도 그녀와 함께 국경 마을에서 자란 미국 시골 토박이였다. 그런데 그녀의 남편은 몇 달 전 난데없이 이름도 생소한 '사우스코리아'라는 곳으로 여행을 다녀온다고 했다.

여권을 만들어본 적 없는 흔한 미국인들처럼, 남편은 두 달에 걸쳐 여권을 만들고 비행기에 올랐다. 태어나 처음으로 바다를 건너 한국의 인천공항에 도착했다. 그는 공항이 위치한 섬에서 길고 긴 북쪽 다리를 건너 서울역으로 향했다. 그리고 역에서 가장 가까운 언덕배기에 호텔이라는 간판을 달고 있는 모텔을 잡았다.

그에게는 임무가 있었다. 멕시코에 있다는 그의 친구의 친구의 친구에게서 건네받은 작고 검은 가방을 처음 보는 한국인 남자에게 건네주는 것이었다. 대가는 한국으로의 왕복 항공권과 일주일 치의 숙박 비용, 그리고 1천 달러였다. 한국 돈으로 100만 원이 조금 넘는 돈이었다. 촌사람인 그에게 일주일에 1천 달러는 꽤 짭짤한 돈이었다. 그래서 그는 몇 번 더 일감을 받았다. 그저 심부름이었고, 짧은 여행이었고, 일주일 동안 놀고 오면 쏠쏠한 용돈이 들어오는 일이었다.

그가 같은 호텔을 세 번째 찾던 날이었다. 그는 낮잠을 자고 있었다. 꿈속에서 그는 아주 큰 종을 보았다. 두 번째 여행에서 그는 강남 한복판에 있는 사찰에 들렀다가 동양의 범종을 처음 마주했다. 깊으면서도 명료한 큰 울림소리는 아주 깊은 인상을 남겼다. 한데 그의 꿈속에선 머리가 만질만질한 두 스님이 힘껏 내달려 때려도 종은 떨기만 할 뿐 아무런 소리도 내지 않았다. 울림은 있으나 소리는 없는 장면을 그는 꿈속에서 멍하니 바라봤다. 그때 호텔 초인종이 울렸다. 잠결에 문을 열자마자 한국 경찰이 들이닥쳤다. 그는 수갑이 채워지는 순간까지 꿈을 꾸고 있는 줄 알았다. 큰소리로 알아들을 수 없는 말을 쏟아내는 경찰들을 보며 그는 넷플릭스에서 자막 없이 보던 홍콩의 한 영화 같다고 생각했다.

경찰차를 타고 서울을 가로질러 경부고속도로를 내달리는 동안 그는 한국의 산과 강과 들과 비닐하우스를 보았다. 태어나 처음으로 논을 보았다. 바다를 끼고 있는 지방 큰 도시의 어느 허름한 경찰서로 향하는 길에 그는 생소한 풍광에 정신이 팔려 그다지 막막하거나 슬프지 않았다.

다섯 시간을 달려 도착한 경찰서에서 또다시 여섯 시간을 기다리니 통역이 도착했다. 통역은 이제 갓 스물두어 살 된 대학생으로 보였는데, 높낮이가 매우 큰 악센트는 둘째치고도 도대체 무슨 말인지 알아들을 수 없는 영어를 그에게 해댔다. 어렴풋이 그가 미국에서부터 가지고 온 작고 검은 가방 안에 튼튼히 박음질된 작은 주머니가 있었고, 그 속에서 필로폰 1킬로그램이 발견되었다는 말을 알아들었다. 그제야 그는 꿈에서 깨어날 때가 되었다는 것을 깨달았다. 이후 그는 변호사를 불러달라는 말을 되풀이했다.

캘리포니아는 원래 멕시코 땅이었다. 그래서 지금도 캘리포니아 지명은 대부분 영어가 아닌 스페인어다. 그 땅엔 스페인어를 사용하는 남미계 사람들이 미국 국적으로 여전히 살고 있다. 그의 아내는 나와 통화를 하는 중간중간 감정이 벅차오른다거나 화가 난다거나 눈물이 나오는 순간에 스페인어를 섞어 말했다. 알아듣지는 못했지만 아마 대개 욕을 하거나 신을 찾거나 간절히 가족 누군가의 이름을 부른다는 것은 알았다. 단조로운 영어 사이에 섞여 나오는 스페인어 단어들은 아직 잠이 덜 깬 내 귀에 노랫말처럼 들렸다. 그녀는 중간중간 같은 이야기를 반복했다. 그녀의 남편은 매일 성경을 읽고, 가족들을 너무 사랑하며, 살면서 경찰서를 한 번도 안 가봤단다. 남편은 아무것도 몰랐던 것이니 자기 남편의 억울함을 풀어달라고 했다.

맞는 말이었다. 그는 구치소 안에서도 매일 가톨릭 성

경을 읽었고, 동남아에서 온 같은 방 수감자들과도 아주 잘 지냈고, 미국에 있는 가족들에게는 매일 편지를 썼다. 그는 선하면서도 그 눈빛 안에 열정을 간직한 전형적인 미국 시골 국경 마을의 촌뜨기였다.

그러나 틀린 말이었다. 그는 다 알고 있었다. 그는 자신이 운반하는 가방 안에 마약이 들어 있었다는 사실을 충분히 짐작하고 있었다. 그렇지 않고서야 여행 경비에다 단순한 심부름 값으로는 비싼 대가를 선뜻 지급할 이유가 없다는 것을 너무나 잘 알고 있었다.

그가 몰랐던 것은 단 하나였다. 한국에서는 마약을 아주 엄하게 처벌한다는 것, 마약 밀수의 경우 그 양과 가격에 따라서 가중처벌을 한다는 것, 킬로그램 단위의 마약 밀수에 대해서는 10년 이상이라는, 감히 그가 상상하지 못할 만큼의 징역형이 선고될 수 있다는 것을 그는 알 턱이 없었다.

⊙　　⊙　　⊙

나는 한국과 미국에서 변호사시험을 통과했고, 주한 오스트리아 대사관의 공식 자문 변호사로 활동하고 있는 덕에 한국에서 일어나는 외국인 범죄 사건을 비교적 자주 접하는 편이다. 외국인이 한국에서 범죄를 저지르면 일단 국적을 불문하고 한국 법원에서 한국 법에 따라 처벌받는다. 법률에 무지는 핑계가 되지 않기 때문에, 외국인이라서 한국의 법에 대해 몰랐다는 사정은 양형에 있어 정상으로 참작될지언정 죄가 성립한다는 점에서는 달라지는 것이 없다.

코로나 팬데믹이 끝나고 외국인들에 대한 입국이 자유로워지면서, 외국인 드라퍼를 이용한 마약 밀반입 사건이 체감상 부쩍 많아졌다. 과거 외국인을 이용한 마약 밀수 수법은 주로 마약을 싸게 구할 수 있는 필리핀, 태국 등의 동남아에서 현지인의 몸에 마약을 숨겨 한국에 반입하는 방식이 많았다. 하지만 세관에서 마약이 많이 유통되는 나라들을 집중적으로 관리하는 데다 한국에 와본 적이 없는 외국인이나 방문 목적이 불분명한데도 자주 드나드는 외국인 등을 수색하여 적발하는 경우가 늘자, 요즘에는 유럽이나 미국 등 선진국에서 관광 목적으로 입국하는 외국인들을 지게꾼으로 사용하여 마약을 운반하는 수법이 늘고 있다. 대개 그들은 백인이고 범죄 경력도 없는 탓에 세관의 수사망을 뚫기가 수월하다.

문제는 그들 중 상당수가 정확히 자기가 얼마만큼, 어떤 종류의 마약을 운반하는지도 모른 채 마약 드라퍼로 이용되고 있다는 것이다. 대마초가 합법인 나라 출신으로 여행 경험 없는 사람을 매수해 대마초 운반이 한국에서도 죄가 되지 않는다고 속여 대마를 밀수하는 경우도 있고, 심지어는 본인이 마약을 운반하는지조차 모르고 마약 밀수 범행에 가담하게 되는 일도 있다. 이렇게 마약을 국내로 밀수해 유통하는 조직은 해외 마약 카르텔인 경우가 대부분이다. 그래서 특정하기도 힘들고 미국이나 유럽까지 가서 그들을 잡는다는 것은 사실상 불가능하다. 그들은 자신이 사용한 드라퍼가 적발되면 쉽사리 새로운 지게꾼을 구해 다시 범행에 나아간다. 활용 가치를 다한 지게꾼들은 중형을 선고받고 한국 감옥에 수감되며 폐기된다.

외국인 피의자가 구속되면 일단 한국 구치소에 수용된다. 요즘은 한국에도 외국인 인구가 많고, 그만큼 외국인 수용자도 늘었다. 대부분의 구치소와 교도소에는 외국인들을 따로 한데 모아 같은 방에 수용하는데, 대개 태국이나 베트남 등에서 온 동남아 국적의 동양인이고 유럽이나 미국 등 서양인 수는 그렇게 많지 않다. 운 좋게 같은 방에 영어가

통하는 수용자가 있거나 한국말을 할 줄 아는 수용자가 있으면 수감 생활의 불편함이 그나마 줄어들 것이다. 그러나 외국인 수용자 대다수는 교도관과의 의사소통, 질병 치료나 식생활 등 여러 가지 부분에서 불편하고 힘든 수감 생활을 할 수밖에 없다.

대한민국 사람이 외국에서 법을 어겨 구치소 등에 수용되더라도 마찬가지다. 타국에서의 수감 생활은 고될 수밖에 없다. 그래서 외국인 수용자들은 한국에서 최종 유죄 판결이 나면 자국 대사관을 통해 본국으로의 송환을 신청한다. 서양 국적의 외국인 수용자들은 워낙 문화적인 차이가 크기도 하고, 상대적으로 낙후된 한국의 교정시설을 견디기 힘들어 대부분 곧바로 자국으로의 송환을 신청하는 편이다. 그들은 본국에 돌아가 해당 국가의 법률에 따라 한국에서의 형기를 다 살거나, 때로 감경을 받기도 하며, 어떤 경우에는 이중으로 처벌받기도 한다.

⊙　　⊙　　⊙

남편은 경찰과 검찰의 수사 과정에서 모두 묵비권*을

행사했다. 문자 뜻 그대로 잠잠히, 조용히, 아무 소리도 내지 않고 침묵했다. 약 2주간의 수사 과정에서 그가 입 밖으로 꺼낸 음성은 자신의 이름 정도가 전부였다. 타국의 법률 시스템에 대한 신뢰가 없는 상황에서 그는 안전하다고 생각하는 방향을 택했다. 사실 그가 살던 나라에서는 수사 과정에서 침묵을 지키는 일이 꽤 흔한 일이다. '미란다 원칙'** 이라는 말이 탄생한 곳이기도 한 미국은 오랜 형사 사법 절차의 역사 속에서 저지른 많은 인권침해와 실수 등을 통해 전 세계 어느 나라보다 까다롭고 엄격한 형사소송법과 절차를 확립했다. 피의자와 피고인은 고지받은 자신의 권리를 적극적으로 행사한다. 그는 경찰에서 묵비의 권리를 고지받자마자 자신의 권리를 행사하겠다고 했다.

미국이 아닌 한국의 수사기관에서는 침묵이 쉬이 용납되지 않는다. 아무 말도 하지 않으면 수사기관에서는 "이렇

※ 默祕權. 다른 말로 진술거부권이라고 하여, 형사소송법 등에서 유추되는 피의자 또는 피고인의 헌법상 기본권(자유권)으로, 자백을 강요받지 아니할 권리, 자백하지 않은 사실이 재판에서 불리하게 작용하지 않을 권리 등을 말한다. 실제로 영미권 및 선진국 등에서는 널리 활용되나, 한국에서는 수사기관에서 묵비권을 행사할 경우 검사의 구형이 늘고 재판에서 선고형이 늘어나는 등 양형에 불리한 정상으로 참작될 위험이 있는 것이 현실이다.
※※ 경찰 또는 검찰이 용의자 또는 피고인을 체포하거나 심문하기에 앞서 알리게 되어 있는 권리. 1963년 미국 애리조나주 피닉스에서 18세 소녀를 강간한 죄로 체포된 에르네스토 미란다Ernesto Miranda의 판례에서 생긴 말이다.

게 나오면 본인한테 불리할 텐데"라는 말로 자백을 권한다.
검찰은 법원에서 "피고인은 자신의 죄를 인정하지 않고, 일
체의 진술을 거부하고 있다"라는 점을 불리한 양형으로 참
작하여 엄하게 벌해줄 것을 재판부에 요청한다. 이러한 사
정은 피고인의 최종 형량에 넉넉히 안 좋은 양형으로 작용
할 수 있다. 나는 이러한 사정을 그에게 설명했다. 하지만
그는 요지부동이었다. 그의 묵비에 수사기관은 처음엔 당
황했지만, 외국인 신분에 통역을 중간에 두고 조사하는 사
정 자체가 이례적이다 보니 수사기관도 쉬이 그의 묵비권
을 존중하고 수사를 종결했다.

　　재판이 시작되고 나서야 그는 처음으로 입을 열었다.
사실 재판은 다툴 만한 것이 별로 없었다. 공소장에 기재된
그의 범죄 사실은 몇 가지를 빼면 객관적인 증거들이 존재
했고, 검사는 그의 자백 없이도 유죄를 충분히 입증할 수 있
었다. 다행히 그는 머리가 나쁜 사람이 아니어서 자백을 설
득하는 일은 어렵지 않았다. 첫 공판기일에서 그는 자신의
모든 죄를 자백했다. 자신이 성장해온 환경, 자신이 범죄를
저지르게 된 경위, 그리고 지금에서야 후회하는 심정을 아
주 덤덤하게 진술했다. 그는 자신이 매일, 그리고 유일하게

읽는 성경책의 한 구절을 인용해 준비한 최후 진술을 담담하게 읽어 내려갔다. 통역은 서툴렀지만, 그의 눈빛과 말투에 충분히 담긴 진심이 법정 안에 묵직하게 퍼졌다. 낮게 깔리며 미세하게 떨리는 그의 목소리는 해당 언어를 알아듣지 못하는 사람에게도 충분히 의미를 전달했다.

그는 킬로그램 단위의 필로폰을 여러 번 밀수한 것 치고는 꽤 많이 선처를 받았다. 자백 이외에 객관적인 증거가 불충분한 혐의들이 있어 일부 무죄 판결이 나오기도 했다. 그가 외국인이기에 조금 더 유연한 잣대를 적용받은 측면도 있지만, 수사 과정에서 말을 아끼던 그의 마지막 진술이 재판부를 어느 정도 설득했으리라 생각한다.

그의 세 번째 여행은 예기치 못하게 많이 길어졌다. 아마 앞으로 그의 인생에서 네 번째 한국 여행은 없을 것이다. 미국으로의 송환이 결정되고 그는 나에게 마지막 편지를 남겼다. 서너 장 되는 편지는 성경 구절들로 채워져 있었다. 스페인어로 쓰인 각 구절을 따로 시간을 내 번역해보지는 않았다. 하지만 앞으로도 굳이 그럴 필요는 없을 것이다. 종이를 깊게 눌러 한 자 한자 적은 그의 편지에서 나는 그가 전하고자 하는 뜻을 대부분 알아들은 것 같았다.

마약 시장의
보이지 않는 손

　　뉴스에서 연일 마약 범죄가 화두다. 최근 강남 대치동 학원가에서 미성년자를 대상으로 한 마약 범죄가 발생해 큰 파문이 일었고, 연예인들이 마약을 투약해 대국민 사과를 하기도 했으며, 재벌 3세들이 서로 마약을 사고팔다가 줄줄이 구속되기도 했다.

　　마약과 관련된 뉴스는 사람들의 이목을 단숨에 집중시킨다. 국내에서 많은 정치·사회적 이슈가 찬반양론이 대립하지만, 유독 마약 범죄에 대한 분노는 예외 없이 한 목소리로 단호하다. 분열된 국론을 한데 모으고자 한다면 이만한 소재가 없다.

정부는 마약 범죄에 대한 국민적 공분에 부응해 마약과의 전쟁을 선포했다. 경찰과 검찰 그리고 법무부 장관과 대통령까지 앞다퉈 마약 범죄를 엄정히 단속하겠다고 발표했다. 특히 검찰은 "미성년 대상 마약 범죄자에게 최고 사형을 구형하겠다"며 엄포를 놓았다.

일련의 과정은 마약 전문 변호사로서는 밥벌이가 늘어나는 희소식일 수도 있다. 그런데 문득 이런 생각이 들었다.

'범죄와의 전쟁을 선포했던 정권은 이번이 처음이 아니다. 과거 전쟁의 결과는 성공적이었나? 그 과정에서 부작용은 없었나?'

2023년 2월 21일, 서울 중앙, 인천, 부산, 광주까지 4개 지방검찰청에 이전에는 없던 '마약 범죄 특별수사팀'이 새롭게 출범했다. 4개 특별수사팀의 총 규모는 84명으로, 검찰 69명, 관세청 6명, 식약처 3명, 각 지방자치단체별 인력 1명씩, 한국인터넷진흥원 2명 등으로 구성됐다. 수사기관인 검찰 조직 안에 '수사팀'을 창설한다는 것이 무엇이 새로

·울까 싶지만, 여기엔 정치적 배경이 있다.

문재인 정권 막바지에 검·경 수사권이 조정 완료됐다. 소위 '검수완박'이라 불리는 이 조치 이후 검찰은 몇 가지 유형의 중대 사건을 제외하면 일선 수사에서 사실상 손을 떼고 기소권만 남게 됐다. 마약 사건의 경우 '500만 원 이상 마약 밀수 사건'이라는 제한된 경우에 대해서만 검찰이 직접 수사하게 됐고, 이에 따라 검찰 조직 내에 마약 사건을 담당하는 부서도 대폭 축소됐다. 이전에는 서울, 수원, 인천, 부산, 대구, 광주 등 6개 지방검찰청 강력부 안에 각각 마약 수사 전담부서가 있었지만, 2021년 7월부터는 인천과 대구 두 곳만 유지하는 것으로 축소되었다.

정권이 바뀌자 검찰과 경찰의 수사권 조정 문제는 단순히 행정부에 소속된 두 수사기관 사이의 완력 다툼이 아니라 입법부 내 야당과 여당의 대리전과 같은 양상을 띠게 됐다. 검찰의 수사권을 제한하려는 세력과 이에 반대하는 세력 간 다툼은 검찰 내부에서 마약 수사팀을 축소했다가 다시 창설하는 결과를 낳았다.

이제 지방경찰청에는 기존의 마약수사대가 있고, 지방검찰청에는 마약 범죄 특별수사팀이 신설됐다. 전자는 마약 범죄 검거 실적을 유지하기 위해, 후자는 신설 조직의 성과를 증명하기 위해 치열한 경쟁을 할 수밖에 없다. 자연히 마약 범죄 적발 건수는 증가할 것이다. 그리고 언론에서는 이렇게 증가한 마약 범죄 검거 건수를 근거로 대한민국에 마약 범죄가 만연해 있다고 보도할 것이다. 그리고 다시 마약 수사팀의 인력이 증원될 것이다. 이러한 흐름만 놓고 보면 대한민국은 금방이라도 마약과의 전쟁에서 승리할 듯하고, 머지않아 마약 범죄를 뿌리째 근절시킬 것만 같다. 그런데 과연 그럴까?

대한민국 정부가 마지막으로 범죄와의 전쟁을 선포한 것은 지금으로부터 약 23년 전인 1990년 10월 13일 노태우 정권에서다. 정식 명칭은 '10.13 특별선언'이다. 당시 범죄와의 전쟁 선포 며칠 전인 10월 4일에 노태우 대통령의 친위 쿠데타 계획이 폭로되며 정권이 언론의 집중포화를 받았다. 국면 전환용이라는 비판도 있었지만, 범죄와의 전쟁 선포가 단순히 정치적 위기 극복만을 위한 것은 아니었다. 당시 급속한 경제성장과 더불어 실제로 조직폭력배의 규모나 자본도 함께 성장했기 때문이었다.

전국의 조직폭력배를 소탕하여 국민의 안전과 치안을

바로잡겠다는 선포는 박정희 정권과 전두환 정권에서도 있었다. 하지만 1990년 10월 13일의 전쟁 선포는 TV 생중계는 물론 모든 일간지의 일면을 장식할 정도로 화제였고, 1년이라는 짧은 기간 동안 전국에서 700명 이상을 구속하여 이전과는 규모 면에서 확연히 달랐다. 이 전쟁은 단기간에 조직범죄와 강력범죄율을 급감시키는 성과를 냈다.

그러나 대대적이고 적극적인 수사는 강압적인 수사와 아슬아슬한 경계를 맞대기 마련이고, 신속한 재판은 성급한 재판으로 치환되기 쉽다. 경찰과 검찰이 경쟁하듯 실적을 올리다 보면 필연적으로 억울하게 구속되는 사례가 발생한다. 비슷한 시기에 발생했던 '화성 연쇄 살인 사건'에서도 여러 무고한 사람이 고문과 협박을 받았고, 어떤 이는 억울한 누명을 쓰고 20년 동안 감옥에 갇혔다. 대한변호사협회는 "범죄와의 전쟁 선포 뒤 불법 가두검문 및 검색, 불법 연행, 총기사용의 남용 등으로 인권침해가 커졌다"는 내용의 인권보고서를 발표했다.

이런 부작용 외에 전쟁의 성과 그 자체에도 의문이 제기됐다. 이 시기 대대적인 검거 이후 실제로 조직폭력배와 관련한 범죄들은 가시적으로 줄어들었다. 하지만 장기적으로 강력범죄율은 다시 증가했다.

⊙　　⊙　　⊙

　　마약 범죄는 철저하게 시장 논리를 따른다. 대표적인 강력범죄인 살인, 강간, 강도, 상해 등과 달리 마약 범죄의 발생에는 수요와 공급이라는 다른 원리가 작용한다.* 도박이나 성매매의 경우와 같다. 이러한 범죄들은 아무리 공급자를 솎아내고 처벌하더라도 수요를 줄이지 않는 이상 범죄의 근절이 불가능하다.

　　우리나라의 마약법은 마약을 구매하고 투약하는 자와 마약을 판매하는 자를 모두 처벌하고 있다. 하지만 마약 판매자와 구매자는 엄연히 범행의 동기가 다르고, 이들을 대하는 방식도 구분지을 필요가 있다.

　　마약을 판매하는 사람의 동기는 하나다. 돈이다. 그들에게 마약 판매는 돈을 벌어다주는 수단이다. 마약을 외국에서 들여오다 실패하거나, 마약을 팔다 적발되어 처벌을

＊특정강력범죄의 처벌에 관한 특례법에서는 살인, 인신매매, 강간, 강도, 절도 등을 특별 강력범죄로 구분하고 있으나, 마약 사건은 실무상 강력범죄로 취급된다.

받는 것은 리스크의 영역이다. 이러한 측면에서 마약 판매 상을 엄하게 처벌하는 것은 확실히 리스크를 증가시키므로 마약 판매의 동기를 떨어뜨리는 일이 된다.

여기서 다시 시장 논리를 떠올려보자. 국내에 수입되 거나 유통되는 마약을 많이 적발할수록, 그리고 마약 판매 상을 많이 잡아넣을수록 마약 시장은 어떻게 변화할까? 그 렇다. 독과점 시장이 형성되고 마약의 판매 단가가 올라간 다. 마약의 판매 가격 상승은 기존 마약 판매상들에게 위험 조차 무릅쓰고 마약을 대량 반입하여 판매할 호재가 된다. 뿐만 아니라 마약 시장 영역의 바깥에 있는 사람들까지 마 약 판매에 뛰어드는 유입 요인으로 작용한다. 즉 공급을 차 단하는 것만으로는 오히려 부작용을 낳을 수 있고, 수요 자 체를 줄어들게 만들지 않으면 결코 마약 범죄를 근절시킬 수 없다는 이야기다.

마약을 구매하고 투약하는 사람의 동기는 크게 두 가 지로 나눌 수 있다. 하나는 호기심이나 오락에 의한 투약이 고, 다른 하나는 중독에 의한 투약이다. 전자는 한두 번 적 발되어 처벌을 받으면 경각심을 가지고 재범에 이르지 않 는 경우가 많다. 문제는 중독과 의존에 이른 투약자의 경우다. 모든 마약이 의학적 의미의 중독성이 있는 것은 아니지만, 필로폰과 같은 마약의 경우 단지 몇 번의 투약만으로도 쉽게 중독에 이를 수 있다. 흔히 '뽕쟁이'라고 부르는 이러한 중독자들의 경우 일정 기간 마약을 접할 수 있는 환경으로부터의 격리가 필요하다. 여기서 말하는 격리란, 꼭 구치소나 교도소와 같이 일반 사회로부터의 격리를 뜻하는 것이 아니라, 폐쇄 병동에 입원하는 것처럼 마약에 노출될 수 있는 환경으로부터의 격리를 이른다.

무엇보다 중요한 것은 전문가에 의한 중독 치료다. 마약에 중독되면 우리의 뇌와 신경이 망가지고 호르몬의 균형이 깨진다. 그렇게 되면 본인 자신의 노력만으로는 중독에서 절대 벗어날 수 없다. 중독자에게 있어 마약에 대한 순간적인 갈망은 사람의 노력과 의지로 참을 수 있는 수준의 것이 아니다. 전문적이고 체계적인 치료 없이 구치소와 교도소 같은 교정시설에 일정 기간 가두는 것만으로는 결코 마약을 끊게 만들 수 없다. 게다가 한국의 교정시설이 마약 투약자에게 제공하는 중독 치료 프로그램은 극히 예외적인 치료감호제도 외에는 거의 존재하지 않는다. 조금이라도 이름 있는 마약 중독 전문 치료 병원에 입원하는 것조차 수

개월을 기다려야만 하는 실정이다.

마약과의 전쟁은 장기전이다. 이 전쟁에서 최종적인 승리를 얻기 위해서는 큰 그림을 보고 적확한 전략을 구사해야 한다. 이러한 고려 없이 단순히 눈앞에 화력을 쏟아붓기만 한다면 당장의 전투에서는 이길 수 있을지 몰라도 결국 전쟁에서는 승리할 수 없다.

이 전쟁에서 승리하려면 공급의 단속보다 수요를 차단하는 것이 더욱 중요하다. 시장의 논리가 작용하는 마약 범죄는 근본적인 수요가 줄지 않으면 절대로 근절할 수 없다. 그리고 마약에 대한 수요를 줄이려면 중독자를 기계적으로 격리하고 처벌하기보다는 그들의 치료와 관리를 우선해야 한다. 지금이야말로 마약 전쟁 전략의 수정이 필요한 시점이다.

Part 4

마약 전문 변호사로 사는 법:
법과 마약

법에도 감시가 필요하다
아무튼 유죄
나는 억울합니다
변호사는 의심해야 한다
3%의 기적

법에도
감시가 필요하다

① 대한민국은 민주공화국이다.

② 대한민국의 주권은 국민에게 있고, 모든 권력은 국
  민으로부터 나온다.

한국 사람이라면 누구나 어디선가 한번은 읽어봤을 문
장이다. 바로 대한민국 헌법 제1조다.

곱씹어 봐도 명문이다. 헌법을 제정한 사람들은 바로 대
한민국을 건국한 사람들이다. 나는 짧은 글을 쓸 때도 첫 문
장에 무엇을 적을지 고민하는데, 한 국가의 기초가 되는 헌법

을 만든 건국자들은 제1조에 어떤 내용을 넣을지 얼마나 많이 고민했을까. 오랜 고민 끝에 그들이 헌법에 제일 처음※ 적은 내용이 바로 '권력'에 대한 것이라는 점은 무척 의미심장하다.

'민주공화국'이라는 말은 나라의 주인은 국민이며, 국가 권력은 국민에게서 비롯된다는 뜻을 담고 있다. 따라서 헌법 제1조의 제1항과 제2항은 같은 내용이다. 그런데도 제2항에서 "주권은 국민에게 있고, 모든 권력은 국민에게서 나온다."라고 같은 말을 다시 풀어쓰고 있다. 우리 건국자들은 이를 그만큼 강조하고 싶어 했다.

민주주의 국가에서 권력은 본래 국민 모두의 것이다. 그러나 모든 국민이 24시간 국가 권력을 행사하는 데 매달리는 것은 현실적으로 불가능하다. 그래서 국회의원이나 대통령 등 국민의 뜻을 대표하는 자를 선거로 뽑아 그들에게 국민의 권력을 잠시 이양하는, 간접민주주의 제도가 민주주의의 보편적인 형태로 자리하고 있다.

그렇지만 '권력'이란 본래 손을 떠나면 언제든지 고삐

※ 사실 우리 헌법은 제1조 앞에 '전문'을 적었기 때문에, 엄밀히 말하면 헌법의 제일 처음은 아니지만, 구조적인 의미에서 헌법 제1조는 헌법의 제일 처음이라고 할 수 있다.

가 풀려 그 주인 위에 군림하려는 특성이 있다. 권력에 대한 감시를 게을리한 결과 민주주의가 순식간에 독재로 변하는 모습을 지금도 세계 여러 나라에서 목격할 수 있다. 이러한 권력의 습성 때문에 주권자인 국민은 항상 날 선 감시자가 되어 권력을 감시하고 견제해야만 한다. 대한민국 헌법은 국가 권력이 국민에게서 나온다는 사실을 첫머리에 적음으로써 이를 강조하고 있는 것이다.

가만히 생각해보면, 민주주의는 무척 모순적인 제도다. 민주주의는 소수에게 독점된 권력을 국민이 투쟁을 통해 다수에게 귀속시킴으로써 탄생했다. 그러나 국민은 자신에게 속한 권력을 다시 선출된 소수에게 독점시킨다. 그리고 권력을 부여받은 소수의 사람이 권력을 부여한 다수를 통제한다. 이것은 모순이 아닌가? 이는 권력을 스스로 행사하지 않고 소수에게 몰아주는 민주주의라는 제도가 가진 필연적 약점이다.

◎　　◎　　◎

민주주의의 모순은 민주주의 체제의 근간을 이루는 법

치주의로도 이어진다. 앞서 이야기했던 '권력'을 '법을 해석하고 집행하는 권한'으로 바꾸어도 무리가 없다. 이 가운데 나는 국가의 '형벌권'에 관해 이야기해보고자 한다.

형벌권이란 국가가 개인을 처벌하는 권한이다. 인간 사회의 질서를 유지하기 위해서는 필연적으로 행위들을 법으로 금지해야 했고, 이를 강제하기 위해서는 금기를 어긴 사람에게 불이익을 줘야만 했다. 형법과 형벌은 이러한 이유로 모든 문화권에서 자연스럽게 발생하고 발전해왔다.

이러한 형벌권의 발동은 권력이 왕정이나 독재정권에 있는 시대에는 모순을 일으키지 않았다. 왕이나 독재자는 법의 영향을 받지 않는 초법적 지위를 가진 채 법을 휘둘렀다. 하지만 민주주의 체제에서는 형벌권을 부여받은 소수의 사람이 그 권한을 부여한 다수의 국민을 법으로써 처벌하는 모순이 발생한다.

'국가 형벌권의 정당성'에 대한 문제 제기는 우리나라처럼 배심제도가 없는 국가에서 더욱 두드러진다. 배심제도란 형사사건에서 법률전문가가 아닌, 일정한 자격을 갖춘 일반 시민들을 무작위로 선택하여 심리 또는 기소에 참여시키고 그들에게 죄의 유무를 판단하게 하는 것이다.

배심제도에서는 일반 국민이 죄의 유무를 판단한다는 점에서 형벌권 발동에 모순이 생길 여지가 적다. 그러나 우리나라에서는 검사가 기소 여부를 결정하면 판사가 죄의 유무를 판단한다. 또한 검사와 판사는 다수가 아닌 소수다. 보통의 사건에서 담당 검사는 한 명이며, 검찰 내부 결재 체계는 존재하지만 기소 여부는 대부분 담당 검사의 판단에 따른다. 판사의 경우에도 형사재판 가운데 '무기징역·단기 1년 이상의 징역·금고형'에 해당하는 중죄는 판사가 3인인 합의부가 판단하지만, 나머지 사건은 단독재판부에서 판사 1인이 판단한다.

형벌권의 행사 주체인 경찰, 검찰, 판사의 민주적 정당성이 떨어진다는 문제도 있다. 저들은 모두 선출직이 아닌 임명직이다.** 국회의원이나 대통령과 달리 '직접 선거'로서 선출되는 공무원이 아니다. 물론 국민이 선출한 인물에 의해 임명되는 것이기에 민주적 정당성이 아예 없다고는 할 수 없다. 하지만 일정 부분 국민의 뜻과 거리가 떨어져

---

* 영국과 미국과 같은 영미법 국가에서 주로 도입된 제도로, 한국에서도 '국민참여재판'이라는 이름으로 운영된다.
** 미국의 경우 제한적인 조건에서 일부 검사와 판사는 선거로 선출되도록 하고 있다.

있는 것 또한 사실이다.

　내가 하고 싶은 말은 민주주의가 모순적인 제도이므로 배척해야 한다는 것이 아니다. 민주주의가 가진 태생적인 모순이 있으므로, 이를 보완하기 위해 끊임없는 노력이 필요하다는 뜻이다. 그리고 민주주의 체제가 변질되지 않도록 국민이 늘 권력을 감시하고 견제해야 하는 것처럼, 형벌권의 적용과 집행에 관해서도 그것이 공정하게 행사되고 있는지 늘 날 선 자세로 감시하고 견제해야 할 필요가 있다.

아무튼
유죄

우리 헌법과 형사소송법에는 형벌권의 남용을 견제하기 위한 여러 가지 장치가 마련돼 있다. '고소 불가분의 원칙, 공판중심주의, 위법 수집 증거 배제의 원칙, 미란다 원칙, 불이익 변경 금지의 원칙' 등이 그것이다. 그중에서도 가장 중요한 대원칙을 하나만 뽑자면 바로 '무죄추정의 원칙'이다. 이는 헌법 제27조 제4항에서 "형사피고인은 유죄의 판결이 확정될 때까지는 무죄로 추정된다."라고 명시하고 있다.

'무죄추정의 원칙'이란 유죄의 입증 책임을 국민이 아

니라 국가 기관인 검사에게 지우는 것이다. 다시 말해 모든 피고인은 유죄가 확정될 때까지는 무죄로 대우받아야 하고, 검사가 합리적인 의심이 없을 정도로 범죄 사실을 증명한 경우에만 비로소 판사가 유죄를 선고할 수 있게 된다. 따라서 입증 책임은 무조건 검사에게 있으며, 피고인은 자신의 무죄를 증명할 필요가 없다. 어떻게 보면 간단하고 당연한 원칙 같지만, 여기서 '입증 책임'이 주는 무게는 상당하다.

민사소송을 맡은 변호사들에게도 '입증 책임'은 매우 무겁게 느껴지는 단어다. 소송은 대부분 흑과 백이 아닌 회색 영역에서의 싸움이다. 누구의 말이 진실인지, 소송의 승자와 패자가 누구인지 판단하는 일은 수학 공식이나 드라마 속 장면처럼 명쾌하게 떨어지지 않는 경우가 많다. 재판에서 원고와 피고의 주장을 가만히 듣고 있으면 양쪽 말이 모두 일리가 있거나, 때로는 양쪽 다 거짓말을 하는 것만 같다. 양쪽의 첨예한 다툼으로 결과 예측이 힘든 소송에서는 결국 입증 책임을 부담하는 사람이 패소하는 경우가 많다. 그만큼 소송에서 입증 책임이란 아주 무거운 짐이다.

그렇다면 '무죄추정의 원칙'이 적용되는 우리 형사소

송에서, 입증 책임을 부담하는 검사의 승률은 과연 얼마나 될까?

법무연수원에서 발간한 『2020년 범죄백서』에 실린 통계를 보면, 형사사건에서 무죄 선고 비율은 1심에서 3%, 2심에서 2%, 3심에서 1%다. 검사의 승률이 1심 단계에서 무려 97%에 달한다. 물론 처음부터 명백히 범죄 사실이 성립되지 않는 사건들은 경찰과 검찰의 수사단계에서부터 걸러지므로 최종 기소에 이르지는 않을 것이다. 하지만 97%의 유죄율이라면 '무죄추정의 원칙'보다는 '유죄추정의 원칙'이라 불러야 하지 않을까.

◦   ◦   ◦

실제로 형사 변호사로서 사건을 담당하다 보면 '무죄추정의 원칙이 과연 있기는 한가?' 하는 의문이 들 때도 있다. 그만큼 법원에서 무죄를 받아내는 것이 힘들다는 말이다. 이와 관련하여 들려주고 싶은 사례가 있다. 최근에 마무리된 사건이다.

M은 스무 살이 갓 넘은 대학생이었다. 그는 친구들과

함께 갔던 이태원의 한 클럽에서 친구들이 나눠주는 엑스터시와 케타민을 몇 차례 받아 먹었다. M의 행동은 엄연한 범죄다. 마약류를 교부받아 투약했으므로 당연히 '마약류 관리에 관한 법률' 위반으로 처벌받는다. 다만 M은 전과가 없는 초범이고, 판매나 유통에 관여한 바 없는 '단순 투약'에 해당한다. 그러면 기소유예나 벌금, 집행유예 등의 가벼운 처벌로 사건이 마무리되는 것이 보통이다.

그런데 M의 경우는 달랐다. 한밤중 그의 집에 여섯 명의 마약수사대 경찰관들이 들이닥쳤고, 곧바로 구속영장이 발부되어 구치소에 수감됐다. M이 받은 혐의는 '단순 투약'이 아닌 '판매'였다. 수사기관은 M을 마약 판매상으로 지목하고 긴급체포한 것이었다. M은 억울했다. 그는 한 번도 마약을 팔아본 적이 없었기 때문이다.

M이 수사망에 오른 건 소위 '공적'을 얻기 위한 제보 때문이었다. 공적이란 마약 사범의 수사 협조나 수사 제보를 이른다. 마약 사건이 다른 형사사건과 구분되는 특징은 바로 '피해자가 없다'는 점이다. 형사사건에서 양형에 가장 도움이 되는 것이 피해자의 합의서 또는 처벌불원서인데, 마약 사건은 애초에 이러한 양형 자료를 구하는 것이 불가

능하다. 그래서 마약 사범들이 매달리는 것이 바로 공적이다. 자신이 아는 범죄 정보 혹은 마약 사범을 경찰이나 검찰에게 제보하고, 수사기관이 이 제보를 토대로 새로운 마약 사범을 검거하면 법원을 통해 '수사협조 사실확인서'를 받는다. 이는 마약 사건에서 아주 귀한 양형 자료가 된다.

M에 대한 수사도 구치소에 있던 한 마약 사범의 제보로 시작되었다. 그는 M의 지인으로, M이 클럽에서 마약을 투약하는 사실을 알고 있었다. 그러나 '단순 투약'과 '판매'는 명백히 다른 사안이다. 지인은 왜 M을 마약 유통책이라고 제보했을까? 단순 오해일 수도 있지만, 추측건대 지인은 자신의 공적을 부풀리기 위해 M을 마약 유통책이라고 제보했을 가능성이 컸다.

제보에 따라 경찰은 조용히 M을 추적하며 수사했다. 그리고 마약의 드랍지인 한 건물에 M이 들어갔다 나오는 장면이 CCTV에 찍혔다. M은 정말 다른 이유로 해당 건물을 방문한 것이었을 뿐, 마약을 드랍한 적이 없다고 끝까지 자신의 결백을 주장했다. 하지만 소변과 모발에서 마약 성분이 검출되자 수사기관은 M의 주장을 믿어주지 않았다.

그러나 수사기관이 M을 마약 유통책이라고 밀어붙이

기에는 한계가 있었다. '결정적인 증거'가 없었던 것이다. 여기에서 결정적인 증거란 M이 마약을 숨겨놓는 장면이 담긴 CCTV 영상을 이른다. CCTV는 건물 밖에만 있었고 건물 안에는 없었다. 이 사실은 동시에 두 가지를 의미한다. 경찰은 M이 마약을 숨겨놓았다고 주장할 명백한 증거를 확보하지 못했다는 것, 그리고 M도 자신이 결백하다는 것을 입증할 만한 증거가 없다는 것이다. 결국 입증 책임의 문제였다.

◎   ◎   ◎

검찰에서는 M이 마약을 투약한 사실과 마약 드랍 장소에 있었다는 정황을 근거로 M의 유죄를 확신했다. 마약 드랍 장소에 M이 실제로 있었다는 사실은 CCTV 영상 증거가 있었고, M이 사용한 휴대전화의 통신사 기지국 위치 정보를 통해 확인되었다. M의 소변과 모발에서도 마약 양성 반응이 나왔다. 검찰에서 제출한 증거와 검찰의 의견서를 보면 M은 마약 판매범으로 오해받기 딱 좋았다.

그러나 나는 마약 판매 혐의에 관한 한 M의 결백을 믿었다. 그리고 그가 결백한 이상 마약을 판매했다는 객관적인 증거는 존재할 수 없었다. 실제로 그의 집, 차, 직장에 대한 압수수색이 이뤄졌지만 마약은 발견되지 않았다. 그의 휴대전화를 디지털 포렌식한 결과에서도 증거가 나오지 않았다. 그러나 그것이 M의 결백함을 뒷받침해줄 명백한 근거가 되기에는 부족했다.

나는 수십 번이나 기록을 다시 뒤져보며 고민했다. 그러다 문득, 검찰이 제출한 자료 가운데 M이 해당 건물에 다녀갔다고 지목한 시점과 경찰이 드랍지에 숨겨진 마약을 수거한 시점 사이에 상당한 시차가 있음을 발견했다. 수사기관의 주장대로라면 드랍 장소에 마약이 일주일 이상 보관돼 있었다는 뜻이었다. 이는 매우 이례적이다. 일반적인 마약 거래라면 판매자가 마약을 드랍한 뒤 아무리 늦어도 반나절 이내에는 구매자가 수거해간다. 오래 숨겨져 있으면 누군가에게 발각될 가능성도 크고, 마약을 판매하는 사람이 그렇게 미리 마약을 숨겨놓을 이유가 없기 때문이다.

나는 일주일 동안 해당 건물을 드나든 사람에 관하여 수사기관에 석명釋明을 요청했다. 하지만 셀 수 없을 만큼 많은 사람이 오갔기 때문에 그 많은 사람을 특정하는 것은 불가능했다. 일주일 사이에 드나든 사람 가운데 실제 마약 판매자가 있을 가능성은 얼마든지 있었다는 말이다.

수사기관의 허점을 지목하고도 나는 무죄를 확신할 수 없었다. 간접증거와 정황증거만으로도 얼마든지 유죄판결이 날 수 있는 것이 현실이었다. 그래서 저 일주일간 M의 알리바이와 주변의 진술 등 증거자료를 최대한 많이 모았다. 마약을 팔았다고 의심받는 시점 이전과 이후 M의 행적을 전부 조사하여 의심되는 정황이 파악되지 않음을 주장했다. 그렇게 오랜 시간 치열한 법정 공방이 오갔다. 그동안 나는 재판부 측에 M이 마약을 투약했을 뿐 판매는 하지는 않았을 것이라는 심증이 생기길 기다렸다.

구속 만기인 6개월을 꽉 채운 다음, M에 대한 판결이 나왔다. M은 마약 판매의 혐의에 대해 무죄 판단을 받았고, 마약 투약 혐의만 인정되어 집행유예로 석방됐다. 판결문에는 '무죄추정의 원칙에 따라 판단한다'라고 명확하게 적혀 있었다.

나는
억울합니다

"정말 억울합니다."

형사 전문 변호사로 일하다 보면 많게는 하루에도 대여섯 건씩 상담을 진행한다. 그중 많은 의뢰인이 상담 내내 억울함을 호소한다. 형사사건의 의뢰인이라는 말은 그들 중 대부분이 범죄자이거나 범죄자로 의심받는 피의자라는 뜻이다.

이들의 억울하다는 표현은 "나는 죄가 없어요"와 꼭 같은 말은 아니다. 죄가 있어도 억울할 수 있다. 우리도 가끔 잘못은 했지만 억울할 때가 있지 않은가. 의뢰인들의 경우 의도와 무관하게 결과적으로 죄를 범했거나, 수사 과정에서 죄가 과장되거나 부풀려진 때가 있다. 실제로 우리 법은 범죄의 고의가 없는 경우, 즉 '과실치상'과 같이 과실만 있는 때에도 과실범으로 처벌하는 때도 있다. 성범죄의 경우라면 가해자와 피해자의 상황 인식이 서로 다르고 성인지 감수성도 상대적이므로 피의자들이 억울해하기도 한다. 때로는 피해자가 악의적으로 사실을 부풀리거나 거짓말을 해서 억울하게 누명을 쓰는 사건도 있다.

마약 사건은 일단 수사가 시작되면 경찰과 검찰이 색안경을 끼고 사건을 바라보는 경우가 많으므로 피의자로서는 억울한 일이 발생하기도 한다. 또 마약 사범 가운데 누군가가 자신의 이익을 위해 있지도 않은 사실을 밀고하는 바람에 억울해지는 경우도 있다.

물론 의뢰인들의 억울하다는 호소 가운데 가장 흔한 것은 억울할 이유가 없는 경우다. 그저 처벌을 받는 게 너무 두렵고 구치소에 들어가야 하는 현실을 마주할 준비가 되지 않았기 때문에 현실을 부정하고 싶은 마음이 억울함으로 표현되는 것이다. 이런 상담을 듣자면 '대체 뭐가 억울하다는 거지?'라는 생각이 들기도 한다.

훌륭한 변호사에게 필요한 덕목은 무엇일까? 물론 여러 가지가 있겠지만, 그중에서도 매우 중요한 것은 바로 의뢰인에 대한 '공감과 믿음'일 것이다. 변호사는 매일 간접적으로 타인의 삶을 경험한다. 다종다양한 사건은 대부분 내가 경험해보지 못한 일들이고, 수많은 의뢰인은 그 삶과 처지가 제각기 천차만별이다. 그 많은 이들의 사연과 사건·사고에 매번 진심으로 공감하는 것은 몹시 어려운 일이다.

형사사건의 경우는 더욱 쉽지 않다. 범죄를 저지른 사람의 상황과 심경을 이해하고 공감해야 하기 때문이다. 다시 말해 누군가를 때리거나 다치게 한 사람, 누군가를 속이거나 돈을 훔친 사람, 심지어 누군가를 죽인 사람의 속사정을 이해하고 공감해야 한다. 이럴 때 내 가치관에 어긋나거나 삶에 대한 태도가 다르다고 하여 쉽게 재단하고 평가하면 변호사로서 온전히 의뢰인의 편에 설 수 없다. 형사 변호인이라는 직업은 의뢰인을 대신해 검사와 싸우고 판사를 설득하는 일인데, 자기 자신도 설득되지 못한 채 그 누구를 설득할 수 있을까. 공감과 믿음이 없다면 좋은 변론이 나올 수 없는 것은 당연하다.

'덕목'이란 우리가 꼭 갖추고 굳게 지켜야 한다고 믿는 것이지만, 역설적이게도 갖추기가 어렵고 지키기란 더욱 어렵다. 신념은 곧잘 부러지고, 초심은 잃어버리기 쉽다. 변호사 생활을 오래 할수록 나는 '공감과 믿음'이 무뎌짐을 느낀다. 어떤 날은 의뢰인을 의심하거나 쉽게 평가하고 있는 내 모습을 본다. 그러면 무언가 단단히 잘못됐다는 느낌이 엄습한다. 상담을 마치고 나면 의뢰인의 이야기에 충분히 공감해주지 못하고 충분히 믿어주지 못한 태도를 반성한다.

변호사는
의심해야 한다

'공감과 믿음'만큼 변호사에게 중요한 또 다른 덕목은 '의심하는 자세'다. 변호사가 형사사건을 성공적으로 수행하려면 몇 가지 의심을 가져야 한다.

우선 '의뢰인이 거짓말을 하고 있는가?' 하는 의심이다. 모든 의뢰인이 변호사에게 늘 진실만을 이야기하지는 않는다. 끝까지 감추고 싶은 비밀이 있을 수도 있고, 수사기관과 재판부를 속이려면 자기 변호사마저도 속여야 한다고 생각하는 경우도 있다. 때로 의뢰인 스스로 자신을 속이는 경우도 있다. 우리는 생각보다 자주 자신을 속이곤 한다. 나도 그럴 때가 있다. 현실을 받아들이기 어렵거나 어떻게든 상황을 모면하고자 하면 기억이 왜곡되기도 하고, 믿고 싶은 대로 보이기도 한다. 그렇지만 이러한 거짓말들은 변호사의 눈에 금방 들어온다. 상담에서 알아채지 못했더라도 기록을 자세히 보면 금세 알 수 있다.

다음으로는 의뢰인의 진술을 믿는다는 전제하에, '과연 무죄가 나올 것인가?' 하는 의심이다. 영화나 드라마에서 변호사들은 의뢰인의 결백을 극적으로 밝혀 무죄를 받아내고는 한다. 나 역시 동경해 마지않는 모습이다. 그러나 현실에서 무죄 판결을 받아내기란 결코 호락호락하지 않다.

형사재판은 '무죄추정의 원칙'에 따라 이뤄진다. 그러므로 모든 유죄에 관한 증명 책임은 검사에게 있다. 따라서 피고인은 자신의 무죄를 입증하지 않아도 된다. 이렇게 이야기하면 마치 형사재판이 피고인에게 유리할 것 같지만, 현실은 전혀 그렇지 않다. 대한민국 법원은 유죄의 근거가 되는 증거를 비교적 폭넓게 인정하기 때문이다. 증거능력에서도 그렇지만 증명력에서도 마찬가지다.* 직접증거가 아닌 간접증거, 정황증거만으로도 유죄가 선고될 수 있다.

객관적 증거가 남기 어려운 성범죄나, 은밀하게 이뤄

지는 마약 범죄가 대표적이다. 다른 증거가 없이 성범죄 피해자의 진술만이 유일한 증거일 때조차 그 진술의 신빙성만 있으면 피의자를 유죄로 판단할 수 있다. 마약을 투약했거나 판매했다는 객관적인 증거가 없더라도, 함께 투약했다거나 구매했다고 자백하는 공범의 진술만으로 유죄 판결이 나올 수 있다. 즉 법정에서 누군가 작정하고 거짓말을 한다면 얼마든지 억울한 일이 발생할 수도 있는 것이다.

우리가 객관적이라고 여기는 증거들이 반드시 효력을 발휘하지 않을 수도 있다. 증거 자체는 객관적일지라도 그 증거의 의미를 해석하는 사람은 주관적이기 때문이다. 애초에 어떠한 사태를 인식하는 것은 사람이고, 사람의 인식은 주관적인 관점과 편견을 갖기 마련이다. 그리고 검사도 판사도 모두 사람이다.

어떤 사람이 마약 판매범 혐의로 수사받고 있다고 하자. 그에게 직접 마약을 구매했다는 증인도 있고, 집에서도 마약이 발견되었다. 그는 마약 소지 혐의는 전부 인정했지

※ 형사소송법에서의 증거능력이란, 엄격한 증거법의 원칙에 따라 유죄의 증거로 쓸 수 있는 자격을 의미한다. 증거능력이 없는 증거는 아예 증거로 제출될 수조차 없다. 이렇게 증거능력이 있는 증거가 유죄를 입증할 수 있게 하는 정도를 증명력이라고 한다. 증거능력과 증명력이 모두 인정되어야만 이를 바탕으로 유죄 판결을 내릴 수 있다.

만, 마약을 판매한 적은 없다고 강하게 부인했다. 이후 그의 소변과 모발을 검사하자 아무런 마약도 검출되지 않았다. 이 경우 소변과 모발 검사 결과는 그에게 유리한 증거일까, 아니면 불리한 증거일까?

당신이 만약 그의 변호인이라면 음성 결과를 근거로 그의 억울함을 호소할 것이다. 그러나 당신이 검사라면 마약은 발견이 되었는데, 소변과 모발은 음성이 나왔으니 이건 마약을 팔기 위해 소지하였다는 사실에 대한 정황증거라고 주장할 것이다. 지금 이야기한 이 사례는 실제 있었던 일이다. 이처럼 같은 증거를 두고도 해석이 달라질 수 있다. 그래서 무죄를 주장하는 재판은 항상 어렵다.

3%의
기적

　통계적으로 형사사건의 무죄 선고 비율은 3%에 불과하다. 단순히 어렵다거나 적은 확률이 문제였다면 재판에서 치열하게 다퉈 볼 수도 있다. 그러나 변호사들은 무척 신중한 태도를 취한다. 법원에서 무죄를 주장하는 것이 의뢰인에게 매우 큰 위험을 안기기 때문이다.

　일단 재판에서 혐의 가운데 일부라도 무죄를 주장하면 기계적으로 형량이 올라가는 경우가 많다. 우리 법원은 피고인의 형량을 정할 때 정상 참작 사유로 '진지한 반성'이 있었는지를 본다. 그러나 피고인이 뉘우치는 모습 없이 무죄를 주장한다면, 판사의 양형 이전에 검사부터 구형량을 높일 가능성이 크다. 소위 말하는 '괘씸죄'다.

물론 자신의 죄를 깊이 반성하는 사람과 뻔뻔하게 죄가 없다고 주장하는 사람에 대한 양형 판단은 달라야 한다. 그러나 만약 피고인이 자신의 혐의 가운데 정말로 억울한 부분이 있어서 부득이 무죄를 주장하더라도, 그 자체로 진지한 반성이 없다고 보는 것이 과연 옳은 판단일까?

그렇지만 변호사들은 결국 괘씸죄에 대한 두려움 때문에 의뢰인의 억울함을 전적으로 신뢰하더라도 오히려 반대로 의뢰인을 설득하고는 한다. 의뢰인이 계속해서 억울하다고 말해도, 실제로 억울한 부분이 있다고 판단해도 유죄의 증거를 탄핵하기가 쉽지 않아 보이면 변호사는 갈등할 수밖에 없다. 전적으로 의뢰인의 말을 믿고 무죄를 주장할 것인가, 아니면 의뢰인을 설득해서 죄를 인정하고 선처를 받는 것이 어떠냐고 설득할 것인가. 재판부에서 무죄 주장 자체를 양형에 불리한 요소로 보는 현실에서 변호사의 선택은 대체로 후자가 된다. 그 결과 피고인과 변호인은 적극적으로 변론하는 것을 망설이고 소극적인 변론에만 머무르게 된다.

N을 처음 만나 상담을 하던 날도, 나는 무죄가 불가능하리라 생각했다.

N은 텔레그램에서 마약을 판매한 혐의를 받고 있었다. 그와 상담을 나눈 다음 나는 그가 죄를 인정하고 선처를 받는 것이 최선이라고 여겼다. 다른 변호사들도 그랬다. N은 이미 몇 군데서 상담한 다음 나를 찾아온 것이었고 다른 변호사들 역시 죄를 인정하는 쪽을 추천했다. 그럴 만도 했던 것이, N은 전과가 없었고 죄를 다 인정한다면 '진지한 반성'이 있다는 이유로 집행유예가 떨어질 가능성이 컸다. 무죄를 주장한다면 오히려 실형을 선고받고 구치소에 수감될 위험이 있었다.

그런데 N은 완강했다. 자신은 마약을 판매한 적이 없다고 되풀이했다. 나는 그에게 스스로 무덤을 파는 일이 될 수 있고, 억울함을 피하려다 더 억울한 일을 겪을 수 있다고 강하게 경고했다. 그러나 소용없었다. 그는 감옥에 가도 좋으니 꼭 억울함을 풀고 싶다고 말했다.

사건의 경위는 이러했다. 수사기관에서는 N으로부터

마약을 구매했다는 두 사람의 진술을 근거로 N을 마약 판매범으로 지목했다. N이 팔았다는 마약은 발견되지 않았고, N이 마약을 파는 정황이 담긴 CCTV 화면이나 통화내용 및 문자 등 기타 객관적인 증거 역시 없었다. 그러나 마약 구매자들의 진술이 너무 명확했다. 마약 구매자들은 N을 만난 적은 없지만, N이 텔레그램에서 사용한 닉네임을 특정했다.

N은 절대 그런 닉네임을 사용한 적이 없다고 주장했다. 게다가 일면식도 없는 두 마약 구매자들이 왜 자신을 지목했는지 영문을 알지 못했다. 나는 증인들을 찾아가 그 이유를 듣고 싶었다. 하지만 증인신문이 이루어질 것을 염두에 둔다면 그들을 만나거나 연락하는 일은 너무 위험했다. 자칫 위증교사의 혐의를 받을 수도 있었다. 결국 변호인으로서 할 수 있는 건 구매자들의 진술에서 허점을 찾아내는 것이었다. 그러나 이를 찾아내기도 전에 검사는 마약 구매자들을 재판에 불러 증인신문을 진행할 것을 요청했다. 막다른 절벽에 다다른 셈이었다.

증인신문 기일에 구매자 두 명이 모두 출석했다. 긴장을 잘 하지 않는 편이지만 그날의 증인신문만큼은 조여 맨 넥타이가 땀에 젖을 정도로 긴장했다. 그들이 이전과 똑같이 N을 지명한다면 N은 꼼짝없이 처벌을 면할 수 없을 것이었다. 그런데 재판은 뜻밖의 방향으로 흘러갔다. 구매자들은 법원에 나와 이전 진술 내용을 뒤집었다. 본인들은 N과 일면식도 없으며, 판매자 정보가 자기한테는 중요하지 않아서 경찰에게 생각나는 대로 진술한 것이라고 했다.

결국 N의 재판 결과는 '무죄'였다. 여러 가지 의미로 다행이었다. 이전에 나는 그에게 억울함을 호소하다가 더 억울한 일이 발생할 수 있다고 경고했다. 만약 그가 내 말을 듣고 무죄를 주장하지 않았다면 어떻게 됐을까.

이 사건을 겪으며 나는 점점 겁이 많아지는 내 모습을 반성했다. 두려움이란 무엇일까. 어쩌면 두려움은 기억 속에 남아있는 실패의 경험이 아닐까. 우리는 본능적으로 과거의 실수를 반복하지 않기 위해 겁을 낸다. 두려움은 실패를 학습한 결과다. 그래서 오히려 많이 배우고 오래 경험할수록 겁이 많아진다. 조심스러움과 두려움으로 실패를 반복하지 않는 삶은 현명한 것일까, 비겁한 것일까. 실패를 두려워하지 않는 도전은 무모한 것일까, 용감한 것일까.

N의 사건을 계기로 나는 의뢰인의 억울함에 조금 더 귀를 기울일 용기를 얻었다.

나는 왜
마약 투약자를 변호하는가

마약 사건을 변호하며 변론 외에도 하고 싶은 이야기
가 많이 쌓였다. 그것을 풀어내고 싶은 생각에 태어나 처음
으로 책을 쓰기로 했다.

시작하자마자 후회했다. 생각과 감정을 글로 온전히
표현하는 건 참 서툴고도 어려운 일이었다. 한 달 내내 첫
문장만 썼다가 지우기를 반복했다. 시행착오도 여러 번 겪
었다. 내용이 전혀 엉뚱한 방향으로 튀었을 때는 내 글쓰기
실력을 자책했고, 작성한 글이 너무 민감하거나 적나라하
여 수정해야 했을 때는 맥이 탁 풀리기도 했다.

거창한 목표는 아니었고 그저 마약과 마약을 하는 사람들에 대해서 보통 사람들이 가지는 막연한 오해를 조금이나마 풀어주면 좋겠다는 생각으로 시작한 일이었다. 이제 책을 매듭짓고 보니 그 생각이야말로 참으로 거창했다고 반성 중이다. 그렇지만 누군가 한 번쯤은 했어야 할 일이라는 생각은 여전하다. 우리는 여전히 마약과 마약 사범을 너무 모르니까.

당장 법조인들 가운데서도 마약 사범을 이해하지 못하는 사람들이 수두룩하다. 타인을 이해하는 행위에는 노력과 경험이 모두 필요하다. 그러나 현직에 있는 법조인들은 범죄자가 되어본 적이 없다. 물론 누구나 살면서 자잘한 위법과 불법을 경험하지만, 적어도 중한 범죄를 저지른 사람은 검사와 판사 그리고 변호사의 자격을 가질 수 없다. 법조인은 대부분 어렸을 때부터 하지 말라는 일은 하지 않고 살아온 사람들이다. 그런 걸 두고 '타에 모범이 되게'라고 표현할 수도 있고 '곧이곧대로', '융통성 없이'라고 말할 수도 있겠다.

나 역시 살면서 큰 말썽을 부린다거나 크게 방황하지 않고 자랐다. 특히 법 공부를 시작하고 변호사로 사회생활을 시작한 이후에는 세상과 크게 부딪힘 없이 순조롭게, 어찌 보면 심심하고 싱겁게 살아왔다. 그래서 변호사 일을 처음 시작했을 때 다양한 형사 피의자들의 사건을 마주하는 일이 쉽지만은 않았다. 그러나 타인을 이해하고 공감하는 데 꼭 직접 경험만 필요한 것은 아니다. 합리적인 이성으로 상대방의 상황을 이해할 수도 있고, 간접 경험이나 상상력으로 자신을 상대방의 상황에 대입해볼 수도 있지 않은가.

의뢰인의 상황을 이해하고 사정에 공감하는 일은 의뢰인을 위해서이기도 하지만 변호인을 위해서도 필요하다. 물론 대가를 받고 하는 일이라는 게 공감으로만 할 수 있는 것도 아니고, 공감해야만 가능한 일도 아니다. 그러나 공감하지 못하는 사건을 억지로 변호하는 일은 참 고되다. 사건을 맡으면 적어도 어떠한 접점을 찾거나 이해되는 부분을 찾아야 묶인 실타래를 풀기 수월하고, 변호인 스스로 납득이 되는 주장이어야 검사와 판사를 설득하는 일에도 자신감이 생긴다. 어떤 상황에서건 의뢰인에게 공감하기 위해 최대한 노력하는 이유다.

마약 중독자에게도 공감이 가는 부분이 있다. 우리는 누구나 쾌락을 추구한다. 늦어도 성인이 되어가는 어느 시점에 우리는 쾌감을 경험한 적이 있고, 살면서 적어도 한 번은 무언가에 맹목적으로 빠지거나 탐닉하는 일을 겪는다. 그러나 사람들 대부분은 쾌락을 추구하면서 법의 테두리를 넘어서지 않는다. 반면에 마약 중독자는 그 테두리를 쉽사리 넘어선다. 그것은 단지 쾌락에의 욕구 때문만은 아니다.

마약에 중독되면 감정이 요동치는 폭은 더 커지고 판단력은 흐려진다. 상상과 현실을 구분하기 힘들어지고 점점 더 현실 감각을 잃어간다. 옳은 말은 잘 믿기지 않고, 반대로 믿지 말아야 할 말들은 맹신한다. 가까운 사람을 멀리하고 멀리해야 할 사람들을 가까이 둔다. 투약 생활이 길어지면 주변에 온통 투약자들만 남는다. 약을 끊지 못해 사람을 못 끊어내는 것인지, 사람을 끊어내지 못해 약을 끊지 못하는 것인지 혼란스럽다. 정서적 의존 때문이건 약물의 효과 때문이건 함께 투약하는 사람들을 가족보다 믿고 의지하게 되지만, 정작 누구보다 나약하고 겁이 많은 그들은 결정적인 순간에 모두 서로를 배신하게 되어 있다.

마약의 끝은 정해져 있다. 투약이 이어져 몸이 망가진다면 신체적 자살이고, 아직 거기에 이르지 않았다면 사회적 자살 중이다. 나는 구조자의 심정으로 마약 투약자들을 본다. 사실은 당신들도 살고 싶을 것이라는 마음에 공감한다. 그래서 나는 그들을 변호한다. 그리고 나와 같은 생각을 가진 사람들이 앞으로 우리 사회에 더 많아지기를 희망한다.

　부디 이 책이 마약을 투약하는 사람에게는 조그맣게 트이는 숨통이기를, 그 가족들에게는 작은 위로이기를, 그리고 마약과 관련이 없는 독자 대부분에게는 그저 지지支持와 경각警覺 사이 어디쯤에서 우리가 사는 세상의 덤덤한 하나의 이야기이기를, 마지막으로 나에게는 또 한 번 부족함을 깨닫는 좋은 스승이 되기를 진심으로 바란다.

마약 전문 변호사에게
궁금한 것

236 마약을 하면 모두 중독자가 되나요?

237 가장 끊기 어려운 마약은 무엇인가요?

238 우리나라에 마약을 투약하는 사람들이 정말 그렇게 많나요?

240 마약은 어떻게 한국에 들어오나요?

241 대마초도 중독되나요?

242 대마초가 합법인 나라도 있나요?

245 대마초가 합법인 나라에 가면 대마초를 피워도 되나요?

246 외국에서 마약을 투약하면 국내에서는 알기 어렵지 않은가요?

248 경찰은 어떻게 마약 사범을 찾아내고 검거하나요?

250 온라인 마약 거래는 단속이 어렵다던데요?

252 텔레그램 마약 채널에 들어가기만 해도 처벌받나요?

253 마약 검사는 어떻게 하나요?

255 마약을 탄 술을 모르고 마셨습니다. 이러한 경우에도 제가 처벌받나요?

257 아들이 마약을 하는 듯합니다. 어떻게 하면 좋을까요?

258 마약 중독자를 가족이 신고하면 감경이 될까요?

아이가 유학 생활 중 대마초를 구매한 일로 체포되었습니다. 벌금형을 받을 수 있을까요? 259

가족이 마약 사건으로 구치소에 수감되었습니다. 무엇을 어떻게 하면 좋을까요? 260

어떻게 하면 마약을 끊을 수 있을까요? 262

마약 투약 사실을 자수하면 처벌을 면할 수 있을까요? 264

경찰에게 마약 구매자로 의심된다는 전화를 받았습니다.무조건 수사에 응해야 하나요? 265

경찰에서 변호인을 선임할 필요가 없다며 혼자 출석하라고 합니다. 어떻게 해야 할까요? 266

마약 전문 변호사를 선임하려면 돈이 많이 들까요? 268

변호인을 선임하고 싶은데 돈이 없으면 어떻게 해야 하나요? 269

마약 구매 혐의를 받고 있습니다. 구매와 관련한 증거가 없으면 혐의를 벗을 수 있을까요? 270

마약 초범이면 감옥에 가지 않을 수 있나요? 272

마약 사건에서 집행유예를 받을 수 있는 조건이 있을까요? 274

마약 범죄에서 형량을 정하는 기준은 무엇인가요? 275

보호관찰이란 무엇인가요? 276

보호관찰 중에 소변에서 마약 반응이 나오면 어떤 일이 벌어지나요? 278

마약으로 구치소에 들어가면 어떤 일을 겪게 되나요? 279

마약을 하면
모두 중독자가 되나요?

한국의 '마약류 관리에 관한 법률'에서는 마약류를 크게 ①마약 ②대마 ③향정신성의약품으로 구분하고 있습니다. 그리고 위 마약법에서 마약류로 지정된 약물 대부분은 중독성 또는 의존성이 있습니다. 의존성은 마약류의 종류와 투약량, 기간, 그리고 투약자의 개별적인 상황에 따라 전부 다르게 나타납니다.

마약류 중에는 한두 번의 투약만으로도 쉽게 의존하게 되는 종류도 있지만, 적정한 용량을 기간을 조절하면서 사용하면 평생 투약해도 의존성을 크게 걱정하지 않아도 되는 종류도 있습니다.

사실 아편, 코카인, 대마 등을 제외하면 마약법에서 규정하는 대부분의 마약류는 '향정신성의약품'에 해당하고, 이러한 의약품은 실제로 의사의 처방 하에 치료 목적으로 사용되는 사례가 일반적입니다. 흔히 사용되는 다이어트약, 수면제, 신경안정제 등도 마약법에서 규제하는 향정신성의약품으로 마약류에 해당하는 경우가 많습니다. 따라서 마약류로 지정되어 있다고 해서 그 자체로 중독성이 심하다고 단정할 수는 없고, 같은 마약류라고 하더라도 사용 목적과 사용 기간 등에 따라 의존성이 달라집니다. 따라서 '마약을 하면 모두 중독자가 된다'라는 말은 사실과 다릅니다.

가장 끊기 어려운 마약은 무엇인가요?

마약의 중독성을 두고 순위를 매기는 기사는 인터넷에서도 많이 보입니다. 저마다 기사의 배경이 되는 연구 결과나 논문을 인용하고 있습니다. 그러나 마약은 어떠한 사람이, 어떠한 용량을, 얼마나 오래 투약하느냐에 따라 그 의존성이 달라지므로 중독성의 순위를 매긴다는 것은 크게 의미가 없는 일입니다. 다만 대마초, 양귀비, 코카잎과 같이 자연에서 얻은 물질로서 특별히 농축하거나 가공하지 않은 천연물에 가까운 상태의 마약류일수록 중독성이 적습니다. 이러한 것들은 오랜 세월 약용 또는 오락용으로 사용됐고, 남용으로 인한 부작용이나 위험도 적은 편입니다. 또한 케타민이나 프로포폴 같은 향정신성의약품은 현재도 병원에서 널리 사용하고 있습니다. 의사의 처방에 따라 적정하게 사용하면 그 부작용이나 중독성이 심각하지 않다는 뜻입니다.

제가 마약 사건을 다루면서 겪은 바로는, 투약자가 단약을 가장 힘들어하는 마약류는 필로폰과 펜타닐입니다. 필로폰은 향정신성의약품으로 지정되어 있습니다. 하지만 심한 중독성과 부작용으로 인해 이제는 의료용으로 사용되는 일이 거의 없습니다. 펜타닐은 암 환자들의 진통제로 생각보다 자주 처방되는 약입니다. 하지만 한두 번의 투약만으로도 쉽게 중독에 이르고, 금단증상에 따른 신체적인 고통이 너무 큰 탓에 끊는 것을 힘들어하는 마약류입니다.

우리나라에 마약을 투약하는 사람들이 정말 그렇게 많나요?

마약 사건을 맡다 보면 다양한 나이, 성별, 직업을 가진 사람들이 마약을 투약하거나 취급하는 모습을 봅니다. 그리고 TV

에서는 연일 미성년자, 학생, 주부, 연예인, 정치인까지 하루가 멀다 하고 마약 투약자에 관한 뉴스가 나옵니다. 그렇다 보니 국내에 마약을 투약하는 사람들이 아주 많다는 생각이 들 수 있습니다.

그런데 미국이나 유럽의 일부 국가에서는 단순 투약자들을 처벌하지 않거나 적극적으로 검거하지 않는 것에 비해, 한국에서는 마약을 한 번만 투약하였더라도 수사기관에서 매우 적극적으로 수사하고 검거합니다.

UN이 규정하는 마약 청정국은 인구 10만 명당 투약자의 비율이 20명 이하인 국가입니다. 한국은 2016년부터 27명을 넘어서며 마약 청정국의 지위를 상실했습니다. 그러나 대검찰청이 발표한 2022년 마약류 범죄 백서에 따르면 그해 마약류 사범은 1만 8395명으로, 인구 10만 명 당 36명 정도입니다. 이러한 사실과 다른 여러 객관적인 지표들을 종합해 보면 한국은 아직 마약 사범의 수와 마약 범죄의 발생 빈도가 다른 나라들에 비해 그리 높다고는 할 수 없습니다. 정확하게 말하면 한국은 마약 사건의 적발과 처벌 건수가 많다고 할 수 있습니다.

물론 텔레그램과 비트코인 등 익명을 이용한 통신과 금전 거래 등이 등장한 후 온라인상에서의 마약 범죄가 부쩍 증가한 것은 사실입니다. 그러나 이러한 사정을 전부 고려한다고 해도, 여전히 대한민국의 마약 범죄율은 언론에서 보도하는 것만큼 심각한 수준은 아니라고 할 수 있습니다.

마약은 어떻게 한국에 들어오나요?

한국은 삼면이 바다이고 유일한 국경은 휴전선으로 막혀 있어 사실상 섬이나 마찬가지입니다. 일본, 대만, 한국처럼 육지로 드나들 수 없는 국가는 항공과 항만만 잘 통제하면 국경을 넘나드는 밀수품들을 쉽게 적발할 수 있으므로 마약이 들어오기가 쉽지 않습니다. 다시 말하면 국내에 밀수된 마약은 항구와 공항의 철통같은 보안을 어떻게든 뚫고 들어왔다는 의미입니다.

마약 밀수자들은 여러 가지 방법을 동원합니다. 항구의 컨테이너나 화물 속에 마약을 숨겨서 들여오려는 시도가 자주 적발됩니다. 한국을 경유해 다른 나라로 가는 화물선에서 대량의 마약이 발견되기도 합니다.

한국에서 가장 흔하게 적발되는 경우는 여객기를 통한 밀수

시도입니다. 소포에 숨겨 전달하는 방법은 이온스캐너와 엑스레이 검사 등으로 발견되기 쉬워 성공 확률이 낮습니다. 그래서 탑승객이 몸에 지닌 채 또는 신체의 은밀한 부위에 숨겨서 들어오는 방식을 취합니다. 하루에도 수만 명이 드나드는 공항에서 세관이 모든 사람을 개별적으로 조사하기 어렵다는 점을 노리는 것입니다. 그러나 정부 역시 이러한 사실을 잘 알고 있어 입국자 수색을 더욱 강화하고 있습니다.

대마초도 중독되나요?

의존성이 생길 수 있습니다. 사실 무언가에 의존한다는 것은 꼭 마약 성분만을 두고 하는 말이 아닙니다. 알코올, 담배, 도박, 게임 등에도 의존 증세가 심해져 치료해야 하는 경우가 있습니다. 어떠한 행위나 물질에 의존한다는 것은 개인의 유전적·신체적 특성, 환경적 요인, 정신병적인 요인 등 여러 요소가 작용하기 때문에 마약의 성분만을 두고 의존성이 있나 없나를 논하는 것은 올바른 접근 방법이 아닙니다.

여러 논문과 실험을 통해 약물의 성질과 이에 따른 의존성을 연구한 자료는 있습니다. 이를 토대로 WHO는 대마의 주성분인 CDB가 여러 질병의 치료나 완화에 효과가 있음을 인정하는 한편 의존성을 나타내지 않아 남용의 위험이 적다고 밝힌 바 있습니다. 또 다른 논문은 대마초의 의존성이 니코틴, 알코올, 카페인보다 낮은 수준이라고 밝혔습니다. 물론 앞서 이야기한 것처럼 의존성이 없는 약물이라고 하여 몸에 해롭지 않은 것은 아니고, 의존성이 높다고 해서 꼭 몸에 나쁜 약물인 것도 아닙니다. 다만 대마초가 의존성이 없다고 말할 수는 없지만, 우려할 정도로 중독성이 강한 물질은 아니라는 점은 확실히 이야기할 수 있습니다.

대마초가
합법인 나라도 있나요?

대마초를 합법화한 나라는 전 세계적으로 여러 군데가 있습니다. 다만 그 내용과 범위가 국가와 문화별로 상이하므로, '합법화'라는 말은 정확한 실상을 나타내는 용어는 아닙니다. 어떤 국가는 의료 목적으로만 제한적으로 허용합니다. 대마초를 단속하기는 하지만, 개인이 구매하고 흡연하는 것은 처벌하지 않아 비범죄화된 국가도 있습니다. 또 대마초를 전면적으로 합법화하여 자유롭게 대마를 기르고, 나눠주고, 구매하고, 흡연하는 오락 행위까지 자유롭게 할 수 있는 국가도 있습니다.

최근 자료를 보면 캐나다, 우루과이, 남아공 등 몇몇 국가만 대마초를 전면적으로 합법화하고 있습니다. 그러나 '비범죄화'라는 기준으로 보면 동부 유럽을 제외한 대부분의 유럽 국가, 그리고 대부분의 남미 국가가 대마초를 용인했다고 볼 수 있습니다.

연방국가인 미국은 조금 복잡합니다. 미국에서 개별 주의 실생활에는 연방법보다는 주법이 주로 적용됩니다. 연방법은 대마초를 규제하고 있지만, 개별 주는 대마초가 합법인 곳도 있고 처벌하는 곳도 있습니다. 소득이 높고 진보적인 성향이 강한, 서부와 동부의 해안에 자리한 주들은 오락용 대마초까지 전면 합법화한 경우가 많습니다. 반면 중부를 비롯한 보수적인 주들은 여전히 오락용 대마초를 허용하지 않고 있습니다. 다만 의료 목적의 대마초 사용은 미국 주 대부분이 합법화하고 있습니다. 대개 1년에 한 번 의사의 진단서만 있으면 대마를 취급하는 가게에서 대마를 자유롭게 구매할 수 있고, 배달도 시킬 수 있습니다. 사실상 대마초가 합법화되었다고 보아도 무방한 수준입니다.

교통과 교역이 발달한 지금 세상에서는 어느 한 국가가 대마초를 합법화하면 인접국에서 이를 전면적으로 통제하는 것이 사실상 불가능합니다. 다만 일본, 대만, 한국처럼 지리적으로 고립된 국가는 국경을 통제하는 것이 용이하기 때문에 주변국의 대마초 합법화 영향을 그다지 받지 않습니다. 그럼에도 대만은 태국에 이어 대마초 합법화를 추진할 것으로 예상되는 아시아 국가 중 하나입니다. 자본주의 사회에서 대마초 합법화는 곧 대마초의 산업화를 의미하는데, 국가 간 산업 경쟁이 대마초 합법화에 기름을 붓고 있습니다. 한국 역시 경북 안동에 대마 산업 클러스터를 조성해두고 제한적으로 대마초를 합법화하여 대마 산업을 육성하고 있습니다.

대마초가 합법인 나라에 가면
대마초를 피워도 되나요?

　형법에는 '속인주의屬人主義'와 '속지주의屬地主義'라는 것이 있습니다. 속인주의는 해당 국가에 속하는 사람을 기준으로 법을 적용하는 것이고 속지주의는 해당 국가의 영역을 기준으로 법을 적용하는 것입니다. 둘 중 하나를 따르는 나라도 있지만 대한민국 형법은 둘 모두를 적용합니다. 쉽게 말해 외국인이 대한민국 내에서 범죄를 저질러도 대한민국 법에 따라 처벌하고, 대한민국 사람이 외국에 가서 범죄를 저질러도 국내에 들어오는 순간 대한민국 법에 따라 처벌합니다.

　라스베이거스는 도박의 도시지만, 한국 사람이 그곳에서 도박을 한 뒤 국내에 들어오면 처벌받습니다. 네덜란드는 성매매가 합법이지만, 한국 사람이 그곳에서 성매매를 한 뒤 국내에 들어오면 처벌받습니다. 마약도 마찬가지입니다. 한국 사람이 대마초가 합법 또는 비범죄인 국가에 가서 대마초를 피우면 국내에 들어온 다음 '마약류 관리에 관한 법률' 위반으로 처벌받습니다.

단순 투약보다 사안이 심각한 경우가 현지에서 구한 마약을 한국에 가지고 들어오는 일입니다. 이는 엄연한 마약 수입에 해당하고, 마약 수입은 마약 구매와 판매보다 훨씬 무겁게 처벌받습니다. 현지에서 투약하고 남은 대마초나 마약류를 가방이나 호주머니에 넣고 오다가 인천공항에서 적발되어 징역을 살게 되는 일이 제법 있습니다. 그러니 한국인으로 태어난 이상, 외국에 나갔더라도 국내법에 저촉될 일은 아예 하지 않는 것이 현명하다고 할 것입니다.

외국에서 마약을 투약하면 국내에서는 알기 어렵지 않은가요?

'투약'이라는 행위는 본인이 자신에게 저지르는 범죄이기 때문에 피해자가 없습니다. 이처럼 피해자가 없는 범죄는 수사 기관에서 범죄를 인지하기가 쉽지 않습니다. 언뜻 생각하면 증거도 없고 걸릴 일도 없을 것만 같습니다. 게다가 외국에서 투약한 사실을 국내에서는 알 수 없다고 생각하기 쉽습니다. 그런데 외국에서의 투약으로 국내에서 처벌받는 경우는 생각보다 꽤 많습니다.

대부분의 마약 범죄는 공범이 존재합니다. 마약을 구매했다면 나에게 마약을 판 사람이 공범이고, 함께 마약을 투약했다면 그 사람도 공범입니다. 스스로 아무리 조심한다 한들 공범들이 어디에서 무엇을 하고 다니는지 속속들이 알고서 통제할 수는 없는 노릇입니다. 공범 가운데 누군가가 수사기관에 체포되면, 그 수사 과정에서 다른 이들의 범죄 사실까지 밝혀지는 경우가 많습니다.

외국에서 마약을 투약하면 증거를 찾을 수 없다고 생각하기 쉽지만, 이 또한 사실과 다릅니다. 마약을 투약하면 소변은 최대 2주에서 3주까지, 머리카락은 다 자라서 자르기 전까지 양성 반응이 나옵니다. 또한 강제수사가 진행되면 경찰은 휴대전화 사진, 통화목록, 메신저 대화 내역, 포털 사이트 검색 내역까지 모든 증거를 다 들여다봅니다. 세상에 완벽한 비밀은 없습니다.

경찰은 어떻게 마약 사범을
찾아내고 검거하나요?

마약 사건은 꼬리에 꼬리를 물고 이어지는 경우가 많습니다. 마약 판매자를 검거하면 그의 진술과 기록을 통해 구매자와 투약자들을 알아내고 검거합니다. 찾아낸 구매자가 여럿이서 함께 마약을 투약했다면 그 사람들을 다시 수사하고, 그들로부터 또 다른 판매 루트를 알아내어 다른 판매자를 수사합니다. 마약 사건은 이런 식으로 한 명을 검거하면 여러 명을 추가로 수사하게 됩니다.

또 한 가지 방법은 함정수사입니다. 마약 사건의 경우 은밀하게 이루어지는 탓에 통상적인 수사를 진행하기 어려워 예외적으로 함정수사가 용인됩니다. 함정수사는 매우 빈번하게 실행됩니다. 구매자를 가장하여 마약을 구매하는 과정에서 판매자나 드라퍼를 잡기도 하고, 인터넷 데이팅 앱이나 채팅 등을 통해서 마약을 함께 투약하겠다고 접근하여 투약자를 검거하기도 합니다. 실제로 모 유력인사의 아들이 이 방법으로 검거된 적이 있습니다.

미끼를 따라가는 방법도 있습니다. 외국에서 몰래 들여오던 마약이 세관에서 발견되면, 수사기관은 곧바로 회수하지 않고 '통제배달'이라는 방법으로 목적지까지 추적하여 마약 밀수범을 검거하기도 합니다.

온라인상에서의 마약 거래가 늘어난 후 수사기관은 이에 대한 대책도 마련했습니다. 비트코인의 지갑 주소를 추적하기도 하고, 최근에는 코인 거래소로부러 거래 명세를 제출받아 조사하여 마약 구매자 수십 명을 한꺼번에 검거하기도 했습니다.

수사기관은 일반인들이 생각하는 것보다 훨씬 많은 수단을 동원하고, 방대한 자료를 분석합니다. CCTV 영상을 추적해 일주일 치 동선을 전부 다 파악하기도 하고, 기지국을 통해서 마약 거래 장소와 시기를 특정하기도 합니다. 휴대전화에 담긴 내용을 삭제하거나 초기화하더라도 포렌식을 통해 대화 내용 또는 사진이나 동영상을 확보하기도 합니다. 집과 차량에 묻어 있는 미세한 흔적까지 국과수 감정을 통해 알아냅니다. 마약 거래가 지능화되고 암호화될수록 수사 기법도 마찬가지로 발전합니다.

온라인 마약 거래는
단속이 어렵다던데요?

그렇지 않습니다. 비록 초기에는 수사기관이 즉시 대응하기 어려웠지만, 지금은 온라인에서의 마약 거래 행위를 매우 적극적으로 단속하고 있습니다.

한때 마약에 손대는 사람들 사이에 '비트코인으로 마약 대금을 지급하면 수사기관이 알 수 없다'는 이야기가 퍼져 있었습니다. 암호화폐이므로 추적으로부터 안전하다는 것이었습니다. 그래서 한동안 코인 구매대행 업체를 통해 비트코인을 우회 송금하는 방식으로 마약을 구매하는 경우가 많았습니다. 그러나 이는 큰 착각입니다. 비트코인은 지갑 주소를 무한으로 추적할 수 있고, 비트코인과 현금을 교환하는 과정에서 개인의 계좌 정보와 개인정보를 알아낼 수 있습니다. 실제로 수사기관이 국내에서 운영되는 코인 구매대행 업체에 영장을 발부받아 데이터를 수집하였고, 이를 통해 전국적으로 마약 구매자를 대거 검거하기도 했습니다.

마약 거래가 자주 이뤄지는 온라인 메신저는 '텔레그램'입니다. 네이버나 카카오 등 한국 회사가 운영하는 메신저의 경우 영장만 있으면 누가, 언제, 어떤 계정을 만들었는지, 어떤 IP 주소에서 접속했는지, 무엇을 검색했고 어떠한 대화를 나누었는지 모든 정보를 제공합니다. 그러나 텔레그램은 한국 법원이 발부한 영장을 집행할 수 없습니다. 그래서 수사기관이 텔레그램 본사를 통해 대화 내용이나 가입자 정보를 알아내는 것은 불가능합니다. 그러나 이를 알아내는 데 반드시 본사의 데이터가 필요한 것은 아닙니다. 텔레그램으로 나눈 대화 중 일부는 휴대전화에 저장됩니다. 수사기관은 휴대전화를 입수하는 즉시 비행기모드로 전환하며, 이 경우 다른 기기에서 대화 내용을 삭제하더라도 휴대전화에서는 삭제되지 않습니다. 또한 어떻게든 이를 삭제하였더라도, 포렌식을 통해 대화 내용뿐만 아니라 주고받은 사진까지도 복원할 수 있습니다. 결국 오히려 텔레그램에서 나눈 대화가 마약 사건의 가장 중요한 증거로 활용되고 있습니다.

마약 거래 방식이 진화할수록 수사 방식과 기법 역시 발전하고 있습니다. 안전한 마약 거래란 존재하지 않습니다.

텔레그램 마약 채널에
들어가기만 해도 처벌받나요?

마약 관련 채팅방에서 마약에 관한 이야기를 보거나 나누는 것 자체는 불법이 아닙니다. 우리나라 헌법에서는 표현의 자유가 보장돼 있고, 사람의 상상과 생각은 처벌의 대상이 아니기 때문에 실제로 범행으로 나아가지 않았다면 걱정할 필요는 없습니다. 단순히 채팅방에서 이야기를 나눈다고 해서 마약 방조죄가 성립할 여지도 없습니다.

그렇지만 그러한 채팅방이나 채널에는 재미로라도 들어가지 않는 것이 좋습니다. 텔레그램에는 마약 관련 채팅방이나 채널이 여럿 있습니다. 딜러들이 마약 판매를 위해 만든 곳도 있고, 투약자들끼리 이야기를 나누는 곳도 있습니다. 그 안에서는 마약 사진, 구매 방법, 정보 등이 아무런 여과 없이 공유되고 있습니다. 이러한 곳에서 사람들과 이야기를 읽고 나누다 보면 마약에 대한 경각심이 떨어지기 쉽고, 결국 마약에 손을 대게 될 가능성이 커집니다. 또 마약 채널에 떠도는 이야기를 여러 곳에 유포하거나, 광고성 글을 작성하면 마약 광고죄로 처벌받을 수 있습니다. 어쩌다 마약 채팅방에서 딜러들의 일을 도와주기라도 하면 마약 판매의 공범이나 방조범으로 처벌받을 가능성도 있습니다.

마약 검사는 어떻게 하나요?

마약 검사는 크게 '간이시약 검사'와 '정밀검사'로 나뉩니다. 검사의 시료가 되는 것은 주로 소변과 모발이고, 모발의 경우에는 정밀검사만 실시됩니다.

소변 간이 검사는 주로 경찰서에서 마약 진단 키트로 실시합니다. 경찰 수사관들이 피의자의 소변을 받은 다음, 피의자가 보는 앞에서 소변 몇 방울을 키트에 떨어뜨립니다. 이때 빨간 줄이 두 줄 나타나면 양성이고, 한 줄만 뜨면 음성입니다. 간이시약 검사는 짧게는 사흘, 길게는 일주일 사이의 투약 여부를 확인할 수 있습니다.

소변 정밀검사는 채취한 소변을 밀봉하여 국립과학수사연구원에 보내고, 그곳에서 소변의 성분을 확인하는 방식으로 이뤄집니다. 수 분 내로 결과를 확인할 수 있는 간이시약 검사와 달리 정밀검사는 일주일에서 몇 주 정도가 소요됩니다. 국과수에서 이뤄지는 정밀검사는 아주 적은 양의 마약 반응도 검출할 수 있기 때문에 한 달에서 두 달 전까지의 투약 사실도 알아낼 수 있습니다.

모발 검사는 단백질 케라틴 속에 남아 있는 마약 성분을 확인하는 방식을 취합니다. 머리카락을 자르지 않는 이상 마약 성분은 머리카락에 계속 남아 있습니다. 다만 머리카락의 단백질 구조는 파마, 염색, 탈색 등에 의해 손상될 수 있고, 경우에 따라 마약 성분이 검출되지 않을 수도 있습니다. 이러한 경우를 대비해 수사기관에서는 소변과 모발 외에도 음모나 겨드랑이털, 다리털 등의 영구모를 채취하기도 하고, 손톱과 발톱을 채취하여 검사하기도 합니다. 그 외에도 마약 정밀검사를 할 수 있는 방법은 여러 가지가 있습니다.

간혹 마약 투약을 한 의뢰인들이 "마약 검사를 통과할 방법이 있느냐?"라는 질문을 합니다. 어디서 들은 것인지 '사우나, 달리기, 크랜베리 주스 마시기' 등이 효과가 있느냐고도 묻습니다. 모두 허무맹랑한 소리입니다. 물론 의학적으로 몸의 대사를 빠르게 하고 간의 해독 작용을 촉진하면 몸 안의 마약 성분을 빠져나가게 하는 데 도움이 될 수는 있습니다. 그러나 그렇다고 해서 마약이 검출되지 않는 것은 아닙니다.

마약 검사는 날로 정밀해지고 있습니다. 한때 LSD는 간이시약 테스트로 검출되지 않는다는 이야기가 있었지만, 요즘 경찰서는 LSD를 검출할 수 있는 검사기를 모두 구비하고 있습니다. 합성 대마가 소변 검사에서 검출되지 않는다는 이야기도 있었지만, 정밀검사에서 얼마든지 검출할 수 있습니다. 신종 마약류 가운데 바로 검출되지 않는 마약류도 있지만, 이는 자주 사용되는 성분이 아니어서 검출 항목에 포함되지 않았을 뿐이지 기술적으로 검출할 수 없는 것은 아닙니다. 어떤 종류든지 소변과 모발 검사를 통과할 수 있는 마약은 없습니다.

마약을 탄 술을 모르고 마셨습니다. 이러한 경우에도 제가 처벌받나요?

마약을 투약하면 마약 투약죄로 처벌받습니다. 그러나 여기서 마약을 투약한다는 뜻은 '마약인 줄 알면서도 고의로 투약한다'라는 의미입니다. 따라서 누군가 술에 타놓은 마약을 인지하지 못한 채 마셨다면 마약 투약죄로 처벌받지 않습니다. 그렇지만 이때 취해야 할 조치가 있습니다.

우선 병원에 가서 마약 검사를 하는 것입니다. 해외에서는 코로나 검사 키트처럼 혼자서도 마약을 검사할 수 있는 키트를 판매하지만, 한국에서는 의사나 약사 면허가 있거나 의료기기 취급 자격이 있는 사람만 마약 검사 키트를 구매할 수 있습니다. 따라서 국내에서는 병원이나 의원에 가서 마약 검사를 받아야 합니다. 가까운 정신과나 내과 등에 연락해 '마약 간이검사'가 가능한지 문의하시면 됩니다. 다만 병원에서 취급하는 진단 키트는 경찰서에서 사용하는 키트보다 종류가 제한적입니다. 주로 필로폰, 엑스터시, 대마초, 케타민 정도만 확인할 수 있고, 신종 마약은 병원에서 확인하기 어렵습니다.

검사에서 양성 반응이 나왔거나, 마약이 의심되지만 병원 검사에서 검출되지 않았다면 수사기관에 도움을 요청해야 합니다. 경찰서에 비치된 마약 검사 키트는 병원의 것보다 다양한 마약을 검출할 수 있습니다. 경찰서에 가서 소변 검사를 한 다음, 양성이 나온다면 조사에 임하고, 마약을 탄 것으로 의심되는 인물을 신고해야 합니다.

아들이 마약을 하는 듯합니다.
어떻게 하면 좋을까요?

가족이 마약을 투약하고 있다는 사실을 알게 되면 누구라도 굉장히 놀랄 겁니다. 단지 걱정하거나 실망하는 것을 넘어, 마약에 취해 난동을 부리지나 않을까 하는 두려움이 생길 수도 있습니다.

마약 중독 문제를 가정 내에서 어떻게든 해결해보려는 시도는 추천하지 않습니다. 마약은 투약자 자신의 의지만으로 끊는 것이 정말 어렵기 때문입니다. 가족이 마약을 하는 것을 발견했다면 꾸중하거나 화를 내기보다는 상황 파악이 먼저입니다. 투약하는 약의 종류는 무엇인지, 투약한 기간이 얼마나 됐는지, 투약한 계기가 무엇인지 알아보는 것이 중요합니다. 만약 호기심에 한두 번 투약한 것이라면 가족들과 오랜 시간을 함께 보내는 것만으로도 단약에 효과가 있을 수 있습니다. 그러나 의존이 심하거나 자살 충동 또는 폭력적인 성향이 있는 경우라면 급히 병원에 입원시켜야 할 수 있습니다.

가족과 마약에 관한 대화를 나누기가 쉽지 않다면 '한국마약퇴치운동본부'와 같은 전문 상담 기관을 찾아보십시오. 가족이 마약 의존 상태에 이른 것으로 생각된다면 가까운 정신과를 찾아서 약물 의존 정도를 검사해보는 것이 좋습니다. 꽤 오랜 시간 마약에 의존하고 있다고 판단되면 대학병원의 정신과에 있는 중독전문의를 찾아서 상담을 받아보시기를 바랍니다.

마약 중독자를 가족이 신고하면 감경이 될까요?

최근 전前 국회의원의 가족이 아들을 직접 경찰에 신고한 사건이 있었습니다. 자세한 사항은 알지 못하지만, 감옥에라도 보내지 않으면 마약을 끊을 수 없다고 판단하였던 것 같습니다.

법에서는 범죄를 자수한 사람의 경우 형량을 감경하도록 규정하고 있습니다. 그런데 '자수'라 함은 본인 스스로 범죄 사실을 수사기관에 신고하는 경우만을 이릅니다. 가족이 신고한 경우는 법률상 자수라고 볼 수 없습니다. 다만 법원에서 정상을 참작하여 형을 감경해주는 경우는 있습니다. 수사기관에 발각되어 체포되거나 구속되는 경우에 비하면 가족이 신고하여 검거된 경우가 양형에 있어 유리할 가능성이 큽니다.

아이가 유학 생활 중 대마초를 구매한 일로 체포되었습니다. 벌금형을 받을 수 있을까요?

대마초를 합법화한 국가가 여럿 있고, 대마초가 의존성이나 위험성이 크지 않다는 과학적 조사도 제법 알려진 탓에 대마초 사범이라면 가볍게 처벌할 것이라고 여기는 경우가 많습니다. 그러나 이는 사실과 다릅니다.

우리나라에서 마약을 규제하는 법은 '마약류 관리에 관한 법률'입니다. 이 법에서는 마약과 향정신성의약품 그리고 대마를 각각 다르게 규제하고 있습니다. 그리고 대마초 구매의 경우 벌금형을 규정하고 있지 않습니다. 이는 필로폰을 구매한 사람은 재판에서 벌금형을 선고받을 수도 있지만, 대마초를 구매한 사람은 벌금형을 받는 것이 아예 불가능하고 징역형을 선고받을 수밖에 없다는 의미입니다. 즉 필로폰 등 보다 해로운 약물을 취급한 경우보다 대마초를 취급하였을 때 더욱 엄한 처벌을 받게 되는 경우가 발생할 수 있습니다. 이러한 점이 국민의 법 감정과 일치하지 않고, 약물의 위험성 등을 고려하였을 때 불평등한 입법이라고 지적하는 이들이 여럿 있습니다. 그렇지만 현행법상으로는 대마초를 구매하였다면 벌금형은 불가능하고, 만약 집행유예 결격사유가 있다면 실형을 살 수밖에 없습니다.

가족이 마약 사건으로 구치소에 수감되었습니다. 무엇을 어떻게 하면 좋을까요?

마약 사건은 경찰이나 검찰 등 수사기관이 사전에 체포영장을 발부받아서 가거나, 마약 매매 또는 투약 현장을 덮쳐 현행범으로 체포하는 경우가 빈번합니다. 일단 체포되면 대부분 구속영장 청구까지 이어집니다. 마약 판매 사범은 애초부터 구속이 원칙이며, 단순 투약자의 경우도 재범 또는 증거를 인멸하

거나 도주할 우려가 높다는 이유로 구속되는 경우가 많습니다.

마약 사범을 검거한 다음에는 수 시간 이내에 그 가족에게 통지하게 되어 있지만, 마약 사범들은 자신의 범행 사실을 가족에게 알리기 싫어하는 경우가 많습니다. 그래서 꽤 많은 수의 마약 사범들이 구치소나 경찰서 유치장에 구금되고 나서야 가족에게 연락하고는 합니다.

가족이 구속되면 사람들은 대부분 옥 수발을 해본 경험이 없으므로 무척 당황합니다. 가장 먼저 해야 하는 것은 영치금을 넣는 것입니다. 구치소에서도 돈이 필요합니다. 그 안에서 입을 것이나 먹을 것을 구하는 데에도 필요하지만, 가장 중요한 이유는 바로 우표를 구하기 위해서입니다. 구치소 내에서 전화는 무척 제한적으로 허용되므로 대부분 편지를 통해 외부와 소통합니다. 그래서 구치소에서는 우푯값이 생각보다 많이 듭니다.

영치금을 넣은 다음에는 커뮤니티를 통해 정보를 얻을 수 있습니다. 포털 사이트에 개설된 카페 가운데 구치소 수감자의 가족과 친구들의 모임이 있으므로 가입하여 활동하시는 것을 추천합니다.

어떻게 하면 마약을 끊을 수 있을까요?

마약을 끊으려면 우선 마약에 관해 잘 알아야 합니다. 우리가 몸이 아프면 그 증상이나 병에 관한 정보를 찾아보고 의사에게 물어보듯이, 자신이 마약에 깊이 의존하고 있다는 판단이 들면 먼저 그 마약과 증상에 관해 탐구하고 정보를 수집해야 합니다.

가장 중요한 것은 전문가에 의한 치료 그리고 주변 사람들의 도움입니다. 우선 가족과 친구를 비롯한 주변 사람들에게 알리고 도움을 청해야 합니다. 마약에 중독되면 이성적이고 정확한 판단을 내리기가 어려워집니다. 실제로 제가 만났던 의뢰인들은 스스로 멀쩡하다고 이야기했지만, 판단력이 저하되고 감정의 기복이 심한 경우가 대부분이었습니다. 이 경우 주변 사람들의 도움이 없으면 지속적이고 효과적인 치료를 기대하기 어렵습니다. 투약하는 것이 LSD나 엑스터시, 대마초처럼 의존성이 적은 마약이라면 자신의 의지를 다잡고 마약에 노출되는 경우를 최대한 줄이는 것이 효과를 보일 수도 있습니다. 그러나 필로폰처럼 의존성이 매우 강한 약물이라면 본인의 의지만으로는 쉽게 끊을 수 없습니다.

> "마약, 특히 필로폰에 대해 사람이 가지는 갈망은 사람의
> 의지로 참을 수 있을 정도의 충동이 아닙니다. 항갈망제
> 투여 등 약물의 도움 없이는 그러한 갈망을 떨쳐내는 건
> 불가능합니다."

저와 가까운 중독전문의께서 하신 말씀입니다. 이처럼 필로폰은 중독성이 매우 강하고 반드시 전문가의 치료가 필요한 마약입니다.

아직 한국에는 중독전문치료기관이 많지는 않습니다. 하지만 국립중앙의료원이나 대학병원급의 정신과에는 중독치료를 전공한 의사나 중독치료 임상 경험이 많은 교수님이 계십니다. 이런 분들을 찾아가 치료를 받는 것이 마약을 끊는 가장 좋은 방법입니다.

마약 투약 사실을 자수하면
처벌을 면할 수 있을까요?

　　스스로 마약을 끊고 싶은 의지가 있다면 하루빨리 가까운 정신과나 중독전문의를 찾아가 치료받아야 합니다. 마약을 투약한 지 오래되었다면 우울증이나 강박과 같은 다른 정신적인 문제가 있을 수 있습니다. 마약에 대한 갈망을 다스리는 약을 처방받고 상담을 병행해야 마약 의존에서 벗어날 수 있습니다. 치료나 상담 과정에서 이야기하는 투약 등의 비밀은 수사기관이 열람할 수 없으니 너무 걱정하지 않아도 됩니다.

　　만약 본인이 수사기관의 표적이 될 것으로 예상된다면 하루빨리 자수하는 것이 좋습니다. 우리 형법에서는 범죄의 자수를 '필요적 감경사유'로 규정하여 감형하도록 되어 있습니다. 다만 형법상 자수는 일반인들의 인식보다 조금 더 엄격한 조건이 있으니, 자수할 때는 미리 변호사와 상담한 후에 진행하는 것이 좋습니다.

경찰에게 마약 구매자로
의심된다는 전화를 받았습니다.
무조건 수사에 응해야 하나요?

우선 보이스피싱이 아닌지 확인해보세요. 해당 경찰서에 전
화해서 연락한 사람이 실제 경찰 수사관이 맞는지 확인하고,
전화번호도 확인해볼 필요가 있습니다.

정말로 경찰이라면 최대한 신속하게 조사에 응해야 합니다.
경찰의 출석 요구에 불응하면 경찰은 압수수색 영장이나 체포
영장을 발부받아 주거지나 직장에 찾아올 수 있습니다. 다행인
것은 이렇게 임의 출석을 요구하는 때는 정확하고 객관적인 증
거가 없거나, 사안이 그리 중대하지 않기 때문인 경우가 많습니
다. 공범의 확실한 증거가 있고 마약 유통 등의 중대한 혐의가
있다면 친절하게 전화를 하기 전에 이미 들이닥쳤을 것입니다.

다음으로 하루빨리 변호사를 만나서 상담을 받는 것이 좋습
니다. 범행을 자백하고 선처를 받는 것이 좋을지, 만약 억울한 점
이 있다면 어떻게 시비를 가릴 것인지 계획을 세워야 하니까요.

이 과정에서 휴대전화 번호를 바꾸거나 기기를 바꾸는 일은

절대 하지 마시길 바랍니다. 경찰의 연락을 받은 이후 이러한 행위를 하면 수사기관에서는 증거인멸 시도로 판단하여 즉시 구속영장을 청구하고 구속 수사를 진행할 것입니다.

경찰에서 변호인을 선임할 필요가 없다며 혼자 출석하라고 합니다. 어떻게 해야 할까요?

요즘은 보기 힘들어진 모습입니다만, 경찰이 피의자를 소환하면서 변호인의 조력을 받지 못하게 유도하는 경우가 있습니다. '변호사를 굳이 선임할 필요가 없다', '떳떳하면 왜 변호사를 선임하느냐', '변호사를 선임하려는 걸 보니 진짜 죄가 있는 모양이다' 등 수사기관으로서는 절대 하지 말아야 할 이야기를 하는 것입니다. 심지어 최근에 제가 변호인으로 입회한 어느 조사에서도 경찰이 "마약 전문 변호사를 선임한 것을 보니 죄를 지은 게 분명하네요. 한번 끝까지 해보죠"라는 말을 듣기도 했습니다. 변호인을 선임한 사실로 범죄의 예단을 가지고 수사하겠다는, 상식적이지 않은 발언이었습니다.

물론 이런 이야기를 들으면 피의자나 변호사가 그 자리에서 항의를 하는 것이 마땅합니다. 그러나 수사 과정에서 피의자는 절대적인 '을'이고, 변호인도 자신이 변호하는 피의자에게 혹시나 불이익이 따를 것을 우려하여 이러한 불합리하고 불공정한 처사에 일일이 항의하지 못하는 경우가 있습니다. 그렇지만 그것은 결코 옳은 일이 아닙니다.

만약 경찰에서 '변호인을 선임할 필요가 없다'라고 이야기한다면, 당당하게 변호인을 선임하겠다고 답하시면 됩니다. 수사기관에서 변호인의 조력을 받지 못하게 유도하는 것은, 변호인이 있으면 합법적이고 적법한 절차와 방법을 준수해야만 하기 때문입니다. 변호인이 입회하지 않았을 경우 경찰 가운데 일부는 증거도 없는데 자백을 강요하거나, 가족이나 친구를 빌미로 자백을 강요하는 경우가 있습니다. 피의자에게 반말과 욕설을 섞어가며 겁을 주는 사람도 있습니다. 피의자 본인에 대한 수사보다는 사건에 대한 제보를 목적으로 피의자를 여러 번 불러 괴롭히는 경우도 있습니다. 지금은 많이 개선되었다고는 하지만, 피의자의 인권과 방어권에 대한 한국 수사기관의 인식은 기타 선진국에 비하면 여전히 낮습니다. 따라서 변호인의 조력을 받는 일을 주저할 필요가 없습니다.

마약 전문 변호사를 선임하려면
돈이 많이 들까요?

형사사건을 담당하는 변호인들 역시 다루기 힘든 강력 사건은 기피하는 경향이 있습니다. 마약 사건이 대표적입니다. 마약 사건은 의뢰인이 갑작스럽게 체포되거나 구속되는 경우가 많습니다. 이때 변호인은 주말이나 야간을 가리지 않고 사건에 대응해야 합니다. 압수와 수색 과정에 참여해야 하는 것은 물론이며, 무죄를 다툰다면 증거에 대해서 일일이 반박해야 합니다.

검경 수사권 조정에도 불구하고 마약 사건은 경찰 조사 이후 대부분 검찰에서 다시 조사합니다. 검사의 구형뿐만 아니라 재판에서 결정되는 형량도 대체로 높은 편이고, 죄질과 기타 여러 사정에 따라 재판마다 형량의 차이가 크기 때문에 다른 형사 사건에 비해 품이 많이 들고 까다롭습니다. 따라서 경험이 있고 좋은 성과를 보인 마약 전문 변호사의 경우 의뢰가 몰리게 됩니다. 그 결과 수요와 공급의 측면에서, 그리고 업무 시간과 난이도 면에서 마약 전문 변호사의 보수는 비교적 높게 책정되는 편입니다. 그렇지만 변호사 보수가 반드시 사건의 경중이나 노동 시간에 비례하여 결정되는 것은 아닙니다. 변호사의 전관 경력이나 전문성, 개개인의 역량에 따라 보수는 천차만별입니다.

변호인을 선임하고 싶은데 돈이 없으면 어떻게 해야 하나요?

우리나라는 금전적인 여유가 없어 사선 변호인을 선임하지 못하는 피의자를 구제하고자 국선 변호인 제도를 운영하고 있습니다. 다만 국선 변호인은 법원의 공판 단계, 영장실질심사 단계에서만 선정됩니다. 수사 과정이 가장 중요한 마약 사건의 경우 경찰과 검찰의 수사 단계에서는 금전적 여유가 없으면 변호인의 조력을 받지 못하는 경우가 대부분입니다.

물론 영장실질심사 단계에서부터 수사와 공판 단계까지 국선 변호인이 선정되어 도움을 주는 '논스톱 국선 변호인 제도'

가 도입되어 있지만, 아직 모든 피의자가 그 혜택을 볼 수 있는 것은 아닙니다. 만약 불구속 상태에서 수사받고 있다면, 가까운 법률구조공단이나 여러 무료 법률 상담 서비스를 제공하는 곳에서 상담을 통해 사전에 가능한 많은 조언을 받은 다음 수사 절차에 임할 수 있습니다.

마약 구매 혐의를 받고 있습니다. 구매와 관련한 증거가 없으면 혐의를 벗을 수 있을까요?

우리나라 형사법은 '무죄추정의 원칙'을 기본으로 삼고 있습니다. 그 어떠한 경우도 유죄의 증거 없이는 사람을 처벌할 수 없습니다. 그런데 여기서 '증거'의 법적인 의미는 일반 사람들의 생각과 차이가 있습니다.

흔히 생각하는 증거란 '어떤 사실을 증명할 수 있는 객관적이고 명확한 근거'입니다. 그러나 형사사건에서 법적인 의미의 증거는 인정하는 범위가 넓습니다. 물적 증거 이외에 정황증거만으로도 유죄의 증거가 될 수 있고, 진술과 증언 같은 인적 증거 역시 유죄의 증거가 될 수 있습니다. 쉽게 말해 누군가가 A라는 사람이 마약을 구매하는 것을 보았다고 진술하고, 그럴싸한 정황증거가 있다면 직접적인 물적 증거 없이도 A는 마약을 구매한 죄로 처벌받을 수 있다는 것입니다.

일반인이나 피의자의 관점에서 보면 황당하고 억울하다고 생각할 수 있습니다. 그도 그럴 것이 진술이나 증언은 오해나 거짓말일 가능성이 있고, 정황증거라는 것은 '그럴 수도 있다'라는 개연성을 보여주는 것에 불과하기 때문입니다. 그렇지만 마약 범죄의 특징은 은밀하게 이뤄진다는 점입니다. 객관적인 물적 증거가 남기 어렵기 때문에 재판부는 증거의 범위를 보다 넓게 인정합니다. 어떤 마약 판매자가 나를 구매자로 특정하여 명확하고 일관성 있게 진술한다면, 재판부에서는 그 사람이 마약 판매의 처벌을 감수하면서까지 거짓말을 할 이유가 없다고 보고 진술에 신빙성이 있다고 판단할 수 있습니다.

따라서 쉽게 '증거가 없다'라고 단언하고 재판에 임했다가는 정말 억울하게 처벌받는 일이 발생할 수 있습니다. 본인이 죄를 짓지 않았더라도, 현실적으로는 적극적으로 무죄를 입증할 증거를 수집하는 한편 진술과 정황증거를 탄핵할 수 있는 자료를 최대한 모아서 적극적으로 대응해야만 합니다.

마약 초범이면
감옥에 가지 않을 수 있나요?

경우에 따라 다르다고 할 수 있습니다. 죄를 저지르고 나서 감옥에 가지 않는 경우로는 '집행유예'와 '선고유예' 그리고 '기소유예'가 있습니다.

'집행유예'는 법원에서 피의자에게 유죄와 형을 선고하되, 형의 집행을 하지 않는 경우입니다. 범죄자인 것은 인정하지만, 감옥에 가는 대신 일정한 기간 보호관찰을 받거나 봉사활동 등을 하며 사회생활을 유지할 수 있도록 해주는 것입니다. 다만 이 기간에 법원의 지시를 성실히 이행하지 않으면 유예가 취소되고 형이 집행됩니다.

'선고유예'는 유죄를 인정하지만 형의 선고를 유예하는 것입니다. 집행유예와 마찬가지로 일정한 기간 보호관찰 등이 시행됩니다.

‘기소유예’는 검사가 피의자를 재판에 회부하는 대신 그대로 사건을 종결하는 것입니다. 전과가 남지 않게 범죄 사실까지도 덮어주는 것으로, 쉽게 말해 ‘한번 봐준다’는 의미입니다. 그러나 어디까지나 ‘유예’이기 때문에 나중에라도 검사가 다시 공소를 제기할 수 있습니다.

온라인 마약 커뮤니티에서는 ‘초범이고 단순 투약이면 무조건 기소유예를 받는다’는 말이 공식처럼 퍼져 있다고 합니다. 그러나 이런 말을 맹신하여 수사에 아무런 대비도 하지 않는다면 아무리 초범이고 단순 투약 혐의라고 하더라도 정식으로 기소될 가능성이 큽니다. 그리고 초범도 1심에서 실형이 떨어지는 경우가 꽤 많습니다. 정부가 정책적으로 마약과의 전쟁을 선포하고 마약 사범을 엄중히 처벌하는 기조가 있다면 더욱 그렇습니다.

마약 사건에서 기소유예를 받을 수 있는지 여부는 각각의 사건마다 다릅니다. 피의자가 초범인가, 나이가 어린가, 투약 횟수가 얼마나 되는가, 마약의 판매나 밀수 등에 가담했는가 등 여러 가지 사정이 종합적으로 고려됩니다. 그러나 일단은 중대한 범행이 아니어야 하고, 피의자가 범행을 모두 인정하고 반성하는 모습을 보일 필요가 있습니다. 무죄를 다투거나 억울함을 호소한다면 검찰은 재판을 통해 시비를 가리려 할 수 있기 때문입니다.

마약 사건에서 집행유예를 받을 수 있는 조건이 있을까요?

마약 사건은 마약의 종류나 사안에 따라 법정형이 각각 다릅니다. 판매나 밀수 등 마약의 유통에 관여하지 않고 단순히 구매하고 투약한 사람의 경우, 동종 전과가 없다면 집행유예를 선고받는 경우가 많습니다. 그러나 이는 '반드시'가 아니며 마약을 구매한 횟수나 정황, 투약 횟수, 마약의 종류와 양, 투약 경위나 공범이 있는지에 따라 초범인데도 실형이 떨어질 수 있습니다.

더구나 요즘 들어 정부 차원에서 마약 사건을 엄중하게 처리하라는 지침이 하달되면서 사정이 달라졌습니다. 이제는 단순 투약 사건도 정식으로 기소되어 실형을 선고받는 경우가 많아졌습니다. 이처럼 마약 사건에 대해서 무겁게 처벌하는 사회적인 분위기가 있으므로, 본인이 아무리 초범이고 단순 투약일지라도 재판에 성실하고 진지하게 임할 필요가 있습니다.

재판에서 집행유예를 선고받으려면 더 이상 마약을 투약하고 있지 않다는 객관적인 증거자료를 준비하고, 진지한 반성의 태도와 함께 단약 치료와 상담 등의 노력을 기울이고 있는 모습을 재판부에 보여야 합니다. 만약 재범이라면 재차 범행에 나아가게 된 납득할 만한 경위를 잘 설명하고, 향후 또다시 마약을 투약하지 않을 것이라는 의지를 피력해야 합니다. 단약 의지가 강하고 실제로 단약 치료를 위해 열심히 노력한 모습을 인정받으면 비록 전과가 있다고 하더라도 집행유예를 받을 가능성이 있습니다.

마약 범죄에서
형량을 정하는 기준은 무엇인가요?

우선 '어떤 마약을 취급했는가'를 따집니다. 우리나라의 마약법에서는 마약을 크게 아편 등의 '마약', 필로폰 등의 '향정신성의약품', 그리고 '대마'로 구분하고 있습니다. 그 가운데 향정신성의약품은 중독성과 위험성에 따라 '가/나/다'목으로 분류합니다.

　마약류 중에서도 유독 형량이 높은 것이 있습니다. LSD와 합성 대마(허브)를 취급한 경우 법정형이 5년 이상으로 매우 엄하게 처벌받습니다. 마약을 투약하는 사람들은 LSD와 합성 대마가 그 중독성이나 부작용이 필로폰 등에 비해 약하다는 생각에 법정형이 낮을 것으로 기대하기도 합니다. 그러나 국내법에서는 저 둘의 취급을 더욱 무겁게 처벌합니다.

　다음으로는 취급 행위의 종류가 무엇인지를 따집니다. '구매, 판매, 밀수, 소지, 운반, 투약'이 각각 별죄를 구성하고, 그 구성요건과 형량도 각각 달라집니다. 단순 투약의 경우는 집행유예를 받기도 하지만 판매와 밀수 등은 매우 엄하게 처벌하고 있습니다.

보호관찰이란 무엇인가요?

　보호관찰이란 범죄 혐의가 인정된 사람을 감옥에 보내지 않고 사회생활을 영위하게 해주는 경우, 추가 범죄를 예방하기 위해 보호관찰소에서 그 사람을 주기적으로 보호하고 관찰하는 제도를 말합니다. 요즘은 보호관찰소의 명칭이 준법지원센터로 바뀌었습니다. 앞으로 법을 어기지 않도록 서비스를 지원해주겠다는 의도를 담은 명칭입니다. 그러나 사실 그 역할은 보호와 지원보다는 '관찰'에 집중되어 있습니다.

집행유예를 받은 마약 사범의 경우 통상 1년에서 2년 정도의 보호관찰 기간 동안 적게는 두어 달에 한 번, 많게는 한 달에 두어 번 불시에 보호관찰소의 요청에 따라 출석하여 소변 검사를 받아야 합니다. 소변 검사에서 양성이 나오면 집행유예가 취소될 수 있습니다. 그러면 새로운 범죄에 따른 형량에 더해 흔히 '외상값'이라고 불리는, 이미 선고받았던 형량까지 함께 복역하게 됩니다. 따라서 보호관찰 기간에는 보호관찰관의 지시와 요구를 반드시 잘 따라야 하고, 출석도 게을리하지 말아야 하며, 또다시 마약을 투약하는 일이 없어야 합니다. 실제로 보호관찰 기간 중에 양성 반응이 나와서 집행유예가 취소되고 다시 구속되는 일이 상당히 빈번하게 발생합니다.

다만 출석 요구 시 직장인으로서 휴가를 내기 힘들거나, 금단증상이 심하여 마약을 끊기 어려운 상황이 있을 수 있습니다. 그렇다면 변호사 등과 상의하여 출석 일정 등을 사전에 조

율하거나 병원 치료를 병행하는 방식을 취할 수 있습니다.

보호관찰 중에
소변에서 마약 반응이 나오면
어떤 일이 벌어지나요?

여러 가능한 시나리오가 있습니다. 한 가지는 보호관찰관이 즉시 사건을 경찰에 수사 의뢰하고, 검사를 통해 집행유예 취소 청구를 하는 것입니다. 이 경우 수일 내에 집행유예 취소 재판이 잡히며, 오직 한 번의 재판으로 취소 여부가 결정됩니다. 판사를 설득하여 검사의 집행유예 취소 청구를 기각시켜야 하는 변호인 입장에서는 시간적 여유가 매우 부족한, 가장 긴박하고 힘든 종류의 사건입니다. 검사의 청구가 기각되지 않는다면 유예되었던 과거의 형이 집행되어 피의자는 바로 구치소에 갇힙니다.

다른 시나리오는 담당 보호관찰관이 소변에서 양성 반응이 나왔다는 사실을 대상자에게 미리 알려주지 않은 채 다음 달에도, 그다음 달에도 소변 검사를 하는 것입니다. 이 경우 대상자는 소변 검사에 대한 경각심이 떨어져 마약을 다시 투약하는 경우가 있습니다. 보호관찰관은 쌓인 양성 반응 횟수를 특정 시점에 공개하고 자료를 모아 검사에게 집행유예 취소를 청구합니다. 이런 경우에는 재판에서 취소 청구를 기각시키는 것이 거의 불가능합니다.

마약으로 구치소에 들어가면
어떤 일을 겪게 되나요?

마약 사범이 재판에서 실형을 선고받으면 구치소에 수감됩니다. 마약 사범은 일반 수감자와 달리 파란색 명찰을 착용하며, 따로 격리되어 마약 사범들끼리만 지내게 됩니다. 이는 일반 수감자들이 마약에 관한 정보와 범죄에 노출되는 것을 막기 위한 조치입니다.

마약 사범들만 모인 방을 소위 '약방'이나 '뽕방'이라고 부릅니다. 뽕방 수감자들은 매우 엄격한 통제를 받습니다. 일반 수감자들은 책이나 잡지 등을 비교적 자유롭게 반입할 수 있지만 뽕방 수감자들은 전면 통제됩니다. 책 속에 마약을 숨겨서 들여오는 일을 방지하기 위해서인데, 실제로 마약을 물에 녹여 책을 적신 후 이를 전달받은 수감자가 페이지를 찢어먹으며 마약을 투약한 사례가 있습니다.

마약 사범 가운데는 이처럼 구치소 안에서조차 마약 투약을 시도하는 이가 여럿 있습니다. 이런저런 방식으로 얻은 전문의 약품이나 향정신성의약품을 거래하거나 목적에 맞지 않게 투약하는 일이 발생합니다. 투약뿐만 아니라 유통 또는 판매와 관련된 범죄도 일어납니다. 구치소 내부에서 서신을 통해 외부에 있는 사람을 시켜 텔레그램 채널을 운영하는 방식으로 마약을 판매하다가 적발된 경우가 있습니다. 구치소 안에서 이러한 문제가 발견되면 추가로 기소되기도 하고, 징벌방으로 이감되기도 합니다.

사정이 이러하다 보니 마약 초범이 구치소에 들어갔다가 여러 가지 형태의 마약 범죄에 다시 연루되는 경우가 빈번합니다. 오죽하면 '뽕방'이 마약 사관학교로 불릴 지경입니다. 그래서 마약 사범을 분리하여 수용하는 방침을 개선해야 한다는 의견도 존재합니다.